Annika Joeres

Ein Jahr an der Côte d'Azur

Annika Joeres

Ein Jahr
an der Côte d'Azur

Reise in den Alltag

FREIBURG · BASEL · WIEN

MIX
Papier aus verantwor-
tungsvollen Quellen
FSC® C017859

Originalausgabe

© Verlag Herder GmbH, Freiburg im Breisgau 2014
Alle Rechte vorbehalten
www.herder.de

Umschlagkonzeption: Agentur R·M·E Roland Eschlbeck
Umschlaggestaltung: Verlag Herder
Umschlagmotiv: © Superbild – Your Photo Today

Satz: Dtp-Satzservice Peter Huber, Freiburg
Herstellung: CPI Moravia Books, Pohorelice

Printed in Czech Republic

ISBN 978-3-451-06694-8

Inhalt

Januar 6

Februar 24

März 44

April 62

Mai 78

Juni 95

Juli 110

August 125

September 140

Oktober 151

November 164

Dezember 179

Januar

WIR SOLLTEN RENNEN, hatte Lorenadia uns gesagt, rennen, so schnell wir konnten. „Il faut courir, courir", drängte sie uns. Das war vor ein paar Monaten, und wir hatten gerade ein kleines Studio am Mont Boron in Aussicht, dem beliebtesten Viertel von Nizza, am Hügel über dem Hafen. Tatsächlich sind wir den Berg hinauf zur Wohnung geflitzt und standen verschwitzt vor der Tür mit dem großen goldenen Knauf. Als wir das Studio zum ersten Mal betraten, waren die Rollläden heruntergelassen, und ich sah wackelige Holzstühle und einen Tisch mit Wachsdecke. „Wartet's nur ab", raunte unsere Maklerin Sophie verheißungsvoll. Sie kurbelte langsam die Jalousien hoch. Die Sonne blendete uns. Ich taumelte auf den Balkon. Dort standen wir eine Viertelstunde, wir sprachen nicht viel, sondern guckten einfach nur auf das Meer hinaus. So eine Aussicht finden wir bestimmt nicht noch einmal, dachten wir. Der Balkon schien im Nichts hoch über dem Meer zu schweben, wir sahen den Hafen mit seinen Fischerbooten und Yachten, den Hügel über der Altstadt und am Horizont die Halbinseln vor Cannes und Antibes. Noch in der Wohnung unterschrieben wir den Mietvertrag. Über eine Einzimmerwohnung mit sperrmüllreifen Möbeln für 700 Euro im Monat. Klingt verrückt, aber der Ausblick vom Balkon über die kilometerlange Bucht von Nizza war so sagenhaft, darüber hatten wir den Rest ganz vergessen. Aber das fiel uns erst auf, als wir 1200 Kilometer weiter nördlich wieder zur Besinnung kamen.

Jetzt sind wir auf dem Weg zu dieser Wohnung. Mein Freund Hans und ich wollen nicht fliegen, sondern lieber einen halben Tag und eine ganze Nacht im Zug verbringen, um uns langsam der neuen Heimat zu nähern. Die Radtaschen beherbergen dünne Anziehsachen, einen Computer für meine Arbeit als Journalistin, ein Glas Currywurst-Sauce und einige Reiseführer. Auf allen Titeln prangen die Palmen an der Promenade von Nizza, die sich im Halbkreis zwischen Stadt und Meer schieben.

Ist zwischen den Palmen ein normales Leben möglich? Am Strand, inmitten von Millionären und ihren Yachten, bei 270 milden Sonnentagen im Jahr werde ich mich wie in einem Film fühlen, denke ich auf den letzten Zugkilometern vor Nizza. Gleich werden wir in der Metropole am Mittelmeer ankommen – und diesmal sind wir gekommen, um zu bleiben. Zwölf Monate Côte d'Azur erwarten uns, und ich finde es ein wenig irreal.

In den letzten Tagen hat sich die Vorfreude mit Unbehagen gemischt. Ich war nicht euphorisch, sondern ängstlich, ich sorgte mich um meine treuen Zeitungskunden in Deutschland und um Freundinnen und Familie, die ich nun viel seltener sehen würde. Als wir unsere Räder aus dem Keller in Bochum schoben, warf ich einen milden Blick auf die Heimat. Plötzlich erschienen die brüchigen Betontürme der Hochschule so vertraut, der Verkäufer des geliebten Milchkaffees am Bahnhof besonders gesprächig und die kleine Wohnung mit Korkboden heimelig. Und das Ruhrgebiet, seine dichte Industrie und seine Autotrassen glänzten an diesem kalten Januarmorgen leutselig ins Zugabteil. „Was machen wir hier eigentlich?", fragte ich Hans, während er ein wenig angespannt hinausschaute. Menschen schätzen ja häufig das, was ihnen gerade entzogen wird, das gilt selbst für nie getragene Pullover kurz vor der Altkleidersammlung.

Meine Furcht vor dem Unbekannten vergoldete auch mir das Gewohnte. Wir streifen das schöne Heidelberg und erreichen Straßburg. Die Hauptstadt des Elsass ist eisig. „Kälteflur" nennen die Franzosen die Region, weil sich dort im Winter frostige Luft staut und sich einfach nicht aufwärmen will. Zum Glück fahren wir in den Süden.

Die Reise im Nachtzug ist laut und ruckelig. Die französische Bahn mag die alten Waggons mit den sechs Liegen pro Abteil nicht mehr pflegen. Der staatliche Konzern promotet nur noch seine Schnellzüge TGV. Vor Avignon steht der Zug um vier Uhr morgens eine halbe Stunde lang still, um kreischenden Waggons mit Zement, Bananen und Flachbildschirmen den Vorrang zu lassen.

Um neun Uhr morgens erreichen wir Nizza. Es regnet in Strömen. In Bochum schien die Sonne, und nun wird mir richtig fröstelig. War es eine gute Idee, auszuwandern? Hans hat als Physiker ein Stipendium am Observatorium in Nizza bekommen, aber ich als Journalistin bin doch im Düsseldorfer Landtag besser aufgehoben. Vielleicht bin ich auch nicht abenteuerlustig genug. „Nun lass uns doch erst einmal ankommen, an dem Ruf der Côte d'Azur wird schon etwas dran sein", sagt Hans.

Unsere schwer bepackten Rennräder müssen wir im Bahnhof die Treppen rauf und runter schleppen, es gibt keinen Aufzug. Wir fahren die Einkaufsstraße abwärts und direkt auf den Strand zu. Es schäumt und brodelt und zischt, die handtellergroßen Steine klackern mit der Brandung auf und ab. Das graue Mittelmeer gleicht eher der kalten Nordsee als dem spiegelglatten warmen Wasser, das im Sommer die Badenden anzieht. Aber seine Weite ist betörend. Es riecht frisch und fein salzig. Zur Feier der Ankunft setzen wir uns auf die blauen Bänke der Promenade und essen noch warme Schokocroissants. Der Regen pausiert, und wir gucken minutenlang aufs Wasser.

Wir umrunden die Hafenspitze und kraxeln im Regen mit Rad und Gepäck die Straße hinauf in unser Viertel, dem Mont Boron. „Lass uns diesmal die Abkürzung, eine Straße vorher links rein, nehmen", schlage ich vor, den Stadtplan vor Augen. Wir schieben unsere Räder, der Weg ist ungemein steil. Je höher wir kommen, desto fantastischer die Häuser. Zehn Meter vor unserer „Villa Angustina" stehen wir vor einem verschlossenen Tor. Ich rüttele daran, nichts zu machen? ... „So etwas Blödes", fluche ich, „müssen die hier alles verrammeln?" Angestrengt fahren wir den Weg wieder hinunter und nehmen eine längere Straße zur Villa Angustina, bis wir schließlich auf der anderen Seite des Gitters stehen. Unsere Maklerin Sophie wartet mit ihrem Scooter schon vor der Haustür. „Bonjour", sagt sie freundlich. „Ihr wisst ja sicherlich noch, dass die Wohnung etwas altmodisch möbliert war, oder?" Ja. Sophie scheint sich zu erinnern, dass wir den Vertrag unterschrieben hatten, ohne auch nur einmal in die Schränke geguckt zu haben. Zurück in Deutschland hatten wir uns gefragt, wie das passieren konnte. „Es war die Sonne", sagte Hans. „Und der Blick auf das Meer", sagte ich.

Ausgerechnet einem Deutschen gehört unsere Wohnung. Dr. Grün verbringt hier seine Sommerurlaube und vermietet sein Studio von September bis Juni. Ein übliches Geschäftsmodell in Südfrankreich mit seinen unzähligen Zweitwohnungen. Jede fünfte Immobilie in Nizza gehört Personen, die in Paris, Rouen, Moskau oder London leben und sich nur zur Sommerhitze her begeben. Den Rest der Zeit vermieten sie an Studenten oder Kurz-Auswanderer wie uns.

Dr. Grüns Mobiliar ist marode, aber er hat jedes Stück handschriftlich in einer fünfseitigen Inventarliste festgehalten. Eine „grüne Tasse mit Sprung", eine „blaue Tasse ohne Henkel", „sechs Messer", „fünf Gabeln" und „zwei Tischsets mit Brandfleck", steht da etwa. Selbst ein Schneidebrett ist erwähnt, dessen Ränder anfangen zu faulen. Der Mann muss ein akribischer Pedant ohne Geld sein oder ein pedantischer Geizkragen oder einfach nur irre. Seine Briefe unterschreibt er mit „Professor Dr. Grün", ich kann ihn aber trotz gründlicher Netzrecherche an keiner Universität finden. Vielleicht ist er auch noch ein Hochstapler, wer weiß.

Aber von Ausblicken versteht er etwas. Inmitten unserer unausgepackten Taschen stehen wir am Fenster und sehen eine blau-gelbe Fähre von Korsika in den Hafen einlaufen. Ich bin müde von der nächtlichen Fahrt, aber dieser endlos weite Blick und das Tuten des Schiffhorns überwältigen mich erneut.

Sobald ich mich aber vom Meer abwende, sehe ich eine ärmliche Wohnung. Wir schieben einen kleinen Hocker unter die durchgelegene Ausziehcouch, um nachts nicht auf den Boden durchzuhängen, und kaufen ein neues Schneidebrett, Bettwäsche und ein scharfes Messer und schrubben einmal durch. Das Badezimmer mit seinen goldenen Kränen, dem rosafarbenen Waschbecken und dem Bidet erinnert an „Hart aber herzlich", diese Achtzigerjahre-Fernsehserie mit Föhnfrisuren und eben kitschigen Bädern. Das Studio muss früher ein luxuriöser Ort gewesen sein.

Noch am ersten Abend klingele ich bei der Nachbarin, um uns bekannt zu machen. Sie öffnet ihre Tür einen Spalt breit bei eingehängter Sicherheitskette, sagt Bonjour, und wir gucken uns ein wenig ratlos an. „Bonjour, wir sind die neuen Nachbarn, wir kommen aus Deutschland", sage ich etwas unbeholfen. Die runde Italienerin ist irritiert. „Bonjour", sagt auch sie. Das Gespräch ist nach drei Sätzen zu Ende. „Das habe ich befürchtet", sage ich zu Hans. „In diesem schicken Viertel werden wir keine herzlichen Kontakte haben. Hier sind nicht einmal die Nachbarn normal. Die hat mich angeguckt, als wollte ich sie ausrauben." Lieber hätte ich in der Altstadt gewohnt, dort, wo es nach provenzalischer Seife riecht, die Gassen eng sind und das Meer noch näher liegt. Vor unserer vergeblichen Wohnungssuche im „vieux Nice" hatte ich mir ausgemalt, morgens meinen Kaffee in einem der vielen Cafés zu trinken, die *Libération* zu lesen und mich ganz französisch zu fühlen. Nach einigen Wochen würde mich der Patron oder die Patronin mit „Bonjour, Annika" begrüßen und mir als Stammgast die Zeitung reichen, so der Plan. Aber Unterkünfte sind in der Altstadt kaum zu haben, sie werden entweder wochenweise für einige hundert Euro an Touristen vermietet, oder sie sind schrammelig und in den meist nur zwei Meter breiten Gassen so dunkel wie eine Kellerwohnung.

So blieb uns nur die Wahl, entweder eine Zweizimmerwohnung in der Neustadt zu mieten – oder für das gleiche Geld eine Einzimmerwohnung über dem Hafen mit Blick auf die See. „Ich will das Meer sehen, der Rest ist mir egal", sagte ich. Der Mont Boron sollte es also sein, dieses Viertel an einem Hügel über dem Hafen mit seinen Jugendstilvillen, rosafarbenen Palästen und kalkweißen Häusern mit Pool und Palmen. Unsere Villa Angustina ist die hässlichste am ganzen Hang, ein lachsfarbener Würfel mit zehn Wohnungen, die Balkone haben bräunliche Glasbarrieren, die schon wieder an Föhnfrisuren erinnern. Aber besser, wir wohnen im hässlichen Haus und gucken auf schöne Fassaden als umgekehrt.

Dafür hat unser Haus einen großen Aufzug, um Autos vom Eingangsniveau in die Tiefgarage zu befördern. Wir besitzen keinen PKW, aber Rennräder, die verloren zwischen Gelände- und Sportwagen in der unteren Etage stehen. Nur eine

Nachbarin parkt ihren Wagen oben auf der Straße. Ein alter Citroën, an den Seiten ungemein verbeult und verkratzt, ein Bremslicht ist zerbrochen. Je öfter ich die Madame sehe, desto verständlicher ist mir der Zustand ihres Autos: Mit vernebeltem Blick guckt sie mich an und wankt der Eingangstür zu. Sie ist auf Drogen, aber welche, kann ich nur erahnen, ich vermute, Tabletten, Antidepressiva oder starke Schmerzmittel. „Bon...jour", sagt sie manchmal. Sie hat einen Hund, wie nahezu alle Bewohner des Viertels. Unsere Hausmeisterin führt gleich fünf kleine wohlgenährte wollweiße Pudel spazieren, mindestens drei Mal täglich. Sie selbst ist mager, fast durchscheinend.

„Willkommen im schönsten Viertel der Welt", sagt sie bei unserer ersten Begegnung. Sie ist für die Villa Angustina und das dahinterliegende blütenweiße Gebäude zuständig. Viele Wohnhäuser am Mont Boron haben noch eine Concierge, die meist auf der dem Meer abgewandten Seite in einem kleinen Zimmer wohnt. Die Diener des Luxus leben vom Schönen abgewandt, im Maschinenraum des Lebens. Wir gucken auf das Mittelmeer und sitzen auf Schrottmöbeln. Vielleicht liegt es auch an dem tristen Mobiliar, dass ich nach wenigen Tagen den Auswanderer-Blues habe. Alles scheint ungerecht. Warum regnet es pausenlos, wenn ich doch in Südfrankreich die Sonne suche? Warum ist es so kompliziert, einen funktionierenden Internetanschluss zu erhalten? Wir brauchen mehrere Anläufe, um den Vertreter eines Telefonkonzerns davon zu überzeugen, dass wir auch ohne aktuelle Stromrechnung eine feste Bleibe haben und unsere Miete zahlen. „Ausnahmsweise" willigt er schließlich ein.

„Was machen wir hier eigentlich?", frage ich wieder einmal Hans, als wir durch den Regen mit Rücksäcken voller schmutziger Kleidung zum Waschsalon stapfen. Unsere Waschmaschine ist auch kaputt, und jetzt sind unsere Schuhe durchweicht, wer nimmt schon Gummistiefel mit nach Nizza? Vor den mannshohen Trommeln steht der Besitzer und redet sofort auf uns ein. Er ist ein Deutschland-Fan. „Vor ein paar Jahren bin ich in meinem Porsche auf dem Weg nach Schweden durch Deutschland gefahren, irre schnell. Eure Autobahnen sind ganz fantastisch", findet er. „Bei euch ist alles so proper", und ich lächele etwas gequält.

Viele Südfranzosen loben das Nachbarland – auf ihre Art. Die meisten waren zwar noch nie in Deutschland, meinen aber, dass es dort irgendwie schön sei. Natürlich nicht so sonnig, nein, nein, und die Natur ist auch nicht so berauschend, und ein Paris habt ihr da oben nicht, sagen sie immer. Und das Essen sei in Frankreich besser, natürlich, keine Frage. Aber in Berlin sei doch ungemein viel los, und der Schwarzwald soll hübsch sein, fügen sie dann meistens doch noch milde hinzu. Ich war noch nie im Schwarzwald, nicke aber immer eifrig. Wer möchte schon eine Landesverräterin sein? Bochum kennen sie meist nicht, aber dafür Gelsenkirchen und Dortmund. „Ja, sicher, die spielen doch in der Champions League", der Waschsalonchef klopft mir auf die Schultern.

Meine wichtigste Ansprechpartnerin in der ersten Zeit ist ausgerechnet die Immobilienmaklerin Sophie. Sie hat schon viele Ausländer kommen sehen und ist die einzige Französin, mit der ich in den ersten Tagen spreche. „Der Anfang ist nicht leicht, aber ihr werdet dem Charme der Côte d'Azur erliegen", sagt sie. Die kleine zierliche Frau mit dem Lockenkopf fährt auf einem wuchtigen Motorroller durch Nizza und spricht verschwörerisch zu uns über Dr. Grün, der ganz nett sei, aber „un peu fou", ein bisschen verrückt. Dabei tippt sich Sophie mit dem Zeigefinger an die Stirn. Monate zuvor haben wir versucht, über private Annoncen im Internet und in der Lokalzeitung *Nice Matin* eine Bleibe zu finden, aber es war aussichtslos. Das Geschäft mit den teuren Wohnungen läuft allein über Makler. Sie nehmen eine Monatsmiete Provision vom Bewohner und dauerhaft rund zehn Prozent der Miete vom Besitzer des Objekts. Die Immobilienbüros passen zu ihren jeweiligen Kunden: Die großen glänzenden Agenturen mit Frauen auf Pumps und Männern in Anzügen vermitteln Lofts direkt am Hafen oder verkaufen Villen in den besten Hügellagen der Stadt. In ihren Schaufenstern zeigen sie Videos von ihren Objekten, häufig erfährt man den Preis nur „auf Anfrage" – die Wohlhabenden wollen ihren Reichtum diskret anlegen.

Ich erkundigte mich damals bei unserer Suche nach einer kleinen Wohnung. „Wie viel können Sie denn monatlich aufbringen?", fragte mich die Madame auf Pumps. „Maximal 900 Euro warm", antwortete ich. „Solche Objekte führen wir nicht", erwiderte sie nur und wandte sich ab. Ich glich einer lästigen Fliege, die ihr die Sicht auf die wahren Kunden versperrt.

Nun gut, vielleicht war das schicke Büro auch einfach unpassend für mich. Ich suchte weiter und traf in Seitenstraßen auf kleine, schrammelige Maklerbüros mit verblichenen Fotos in den Fenstern, die Angestellten tranken Kaffee aus Plastikbechern und hatten Wohnungen in den nördlichen Vierteln der Stadt im Angebot. Je weiter entfernt vom Meer, desto günstiger. Nein, für die paar Monate an der Côte d'Azur wollte ich nahe am Wasser wohnen.

Sophies Agentur war dann wie eine Erlösung. Ein fünfzehn Quadratmeter großes Lokal in einer Nebenstraße vom Hafen mit einer Tafel auf dem Bürgersteig, die ein möbliertes Studio mit Meerblick anpries. In besagter Villa Angustina. Sophie war es auch, die uns kurzerhand aus dem Dilemma für Einwanderer führte. Denn eigentlich brauche ich eine Wohnung, um ein Bankkonto zu eröffnen, und nur mit einem französischen Konto darf ich einen Mietvertrag unterschreiben. „Geht mal in die Bank nebenan, die kennen mich", sagte Sophie nur, und wir lernten unsere erste Lektion: In Südfrankreich ist mit Kontakten vieles möglich. Mit Sophies Grüßen auf den Lippen konnten wir zehn Minuten später wundersamerweise ein Konto eröffnen. Wir waren der jungen Frau am Schalter unendlich dankbar, dass sie keinen Nachweis verlangte, wir füllten einfach nur ein Formular aus. Vielleicht war es Sophies Einfluss, vielleicht war unsere Bank aber auch einfach nur unvorsichtig: Monate später ist sie auf den Titelseiten der internationalen Zeitungen. Sie hatte ihren Tradern auf der Suche nach Profit keine Grenzen gesetzt und über Nacht fünf Milliarden Euro verloren.

Die ersten Tage im Süden bin ich viel weniger euphorisch, als ich es mir ausgemalt hatte. Wir sind mit Organisatorischem beschäftigt, Hans absolviert einen Sprachkurs, und ich schaue mich auf dem kargen Arbeitsmarkt zwischen Menton und Cannes um. Zudem regnet es unaufhörlich. Die Côte d'Azur ist überraschend nass. In Wahrheit nämlich fallen hier jährlich rund 800 Millimeter Wasser pro Quadratmeter, also so viel wie an einem durchschnittlichen Ort in Deutschland. Aber dafür nieselt, fieselt, rieselt und tröpfelt es nicht an fast jedem zweiten Tag, sondern nur an jedem sechsten. Das habe ich inmitten eines Nervenzusammenbruchs während eines trommelnden Regenschauers zur Beruhigung akribisch recherchiert. Eigentlich hätte ich es ahnen können: Die Hügel der Côte d'Azur sind auch im Hochsommer noch grün, sie müssen also im Winter stets ordentlich gewässert werden. Die Hänge sind bewaldet und mit Pinien und Eichen bewachsen, und auch die durstigen Feigenbäume fühlen sich hier wohl.

Wenn es regnet, dann richtig. Es schüttet und strömt die Straßen herab und manchmal pausenlos drei Tage lang. Die Südfranzosen aber kommen nur schlecht über diese Tage hinweg. Für sie ist die Sonne so alltäglich, dass sie beleidigt beim Bäcker ihren Regenschirm aufklappen. „C'est ignoble", sagen sie, „unwürdig". Oder sie beschweren sich, doch nicht extra im teuren Südfrankreich zu wohnen, um mit Regenmantel aus dem Haus zu gehen! Ignoble.

Aber auch an diesen grauen Tagen verliert der Franzose nicht seinen Stolz. „In Deutschland regnet es aber noch viel mehr, oder?", fragt die Bäckerin eines Morgens frohlockend. Ich nicke und schaue tief betrübt. „Ihr als Deutsche seid das Wetter ja gewohnt, nicht wahr?", meint kurz darauf die Hausmeisterin. Und die Zeitung *Nice Matin* bringt am dritten Regentag eine Doppelseite mit düsteren Bildern von regnerischen Landschaften im nördlichen Frankreich und betont, wie kalt es erst dort oben sei. „Es kann nicht mehr lange dauern, dann scheint die Sonne wochenlang", tröstet uns die Maklerin Sophie bei unserer monatlichen Scheckabgabe. „Dann liegt ihr im T-Shirt am Strand."

Nun sind schon zwei Wochen vergangen, ich habe jede Kurve über das südfranzösische Klima studiert, aber immer noch keinen Job vor Ort. Hauptsächlich werde ich mein Geld als Korrespondentin für deutsche Medien verdienen, aber am liebsten hätte ich französische Kollegen zum Quatschen und einen Arbeitsplatz, zu dem ich jeden Morgen hinlaufen könnte. Ich versuche es bei der Touristeninformation. Ich könnte deutschen Urlaubern behilflich sein, so meine Idee. Schließlich sprechen die meisten Franzosen nur bröckchenweise deutsch, und ihr französisches Englisch ist schwer verständlich. Mithilfe meiner französischen Freundin Juliette in Paris fabriziere ich einen Lebenslauf. Mit Juliette hatte ich als Studentin fünf Jahre lang in einer Wohngemeinschaft gewohnt, sie kann meinen Lebenslauf quasi auswendig schreiben. „Du musst das Passbild entfernen", sagt sie, „das ist doch diskriminierend." Die bilderlose Bewerbung solle vorbeugen, weniger attraktive Menschen oder Menschen mit schlechten Fotos zu benachteiligen, lese ich im Internet. Noch gerechter wäre es, auch die Namen zu schwärzen, dann würden auch Fatima und Hakim häufiger eingeladen. Aber das hat sich nicht durchgesetzt. Ohnehin hoffe ich darauf, als Ausländerin sogar einen Bonus in der Touristenbranche zu haben.

Eine völlig naive Idee. Der Zugang zum Geschäft führt, wie so vieles im Nachbarland, über einen Wettbewerb, den jeweiligen „concours". Es ist ein Fluch des Landes, alles in hierarchischen Listen abbilden zu wollen. Wer Lehrer werden möchte, muss einen Concours bestehen, wer an eine bestimmte Universität will, muss sich mit den Mitbewerberinnen und Mitbewerbern messen, und selbst die Bäcker wetteifern jedes Jahr im Concours um das beste Baguette und das beste Croissant. „Haben Sie denn einen Concours bestanden?", fragt mich die Chefin des Touristenbüros. „Äh, nein, ich habe ja in Deutschland studiert." „Tut mir leid, dann kann ich Ihnen nicht helfen." Sie gibt mir meine über Tage gepflegte Mappe unbesehen wieder zurück.

Auf dem Revers der Touristenchefin pappt eine Deutschlandflagge, und trotzig antworte ich ihr auf Deutsch, aber sie versteht weder meine Worte noch meine Botschaft. Mit gefühlt riesengroßer Inkompetenz verlasse ich das Lokal an der Promenade.

Meine französische Karriere ist also schon im Keim erstickt. Ich konzentriere mich ein wenig mehr auf meine deutschen Arbeitgeber. Schon bald sehe ich den Vorteil, weit entfernt vom übermächtigen Paris zu sein: Nicht nur alle Firmen, Banken, Gerichte, Medien und Trendscouts sind in der Hauptstadt versammelt, sondern auch alle deutschen Korrespondenten. Bislang hat sich noch kein deutscher Journalist in Südfrankreich niedergelassen. Vielleicht wirkt die Idee vermessen, in Nizza ernsthaft journalistisch arbeiten zu wollen, und sie rangiert nur knapp hinter „Ich gründe eine Taucherschule auf den Bahamas" oder „Ich eröffne einen Zeltplatz auf Mallorca". Aber versuchen will ich es.

Jeden Morgen sitze ich also an meinem Schreibtisch vor der Fensterwand, sehe hundert Meter unter mir die einlaufenden Schiffe und die Brandung des Meeres, manchmal landet eine Möwe auf unserem Balkongeländer. Während ich französische Zeitungen nach Themen durchforste, höre ich die Schiffshörner tuten. „Ach, du arbeitest doch gar nicht richtig", sticheln Kollegen aus Düsseldorf. Aber das stimmt nicht. Auch wer einen schönen Schreibtisch hat, kann viel schaffen.

Ich frage mich, wie Nizza erst im Sommer sein wird. Schon jetzt esse ich mein Mittagsbaguette auf dem Balkon und kann den Feierabendkaffee bei untergehender Sonne auf einer der Caféterrassen trinken. Beim zweiten Milchkaffee bemerke ich meine luftige Kleidung. Für mich fühlt sich die Luft sommerlich warm an, die Sonne brennt mir auf den Kopf, aber die Niçoiser tragen Wollmäntel und Mützen. Sie sind wohl ganz schön kälteempfindlich. Umgekehrt sehe ich Norwegerinnen im Januar mit nackten Beinen unter dem Minirock spazieren gehen.

Die Wohnung von Dr. Grün wird ihrer letzten funktionierenden Gegenstände verlustig. Eines Morgens, ich gucke wie so häufig aus lauter Spaß an der wiedergekehrten Sonne den

Wetterkanal zum Frühstück, macht es leise Peng, und Rauch steigt aus dem Fernseher auf. Es ist ein kleines Röhrengerät, wie es sie schon lange nicht mehr zu kaufen gibt, schätzungsweise zwanzig Jahre alt. Ein neues TV-Gerät möchte Professor Dr. Grün aber nicht kaufen, obwohl es Teil des Mietvertrages ist. „Sie haben ihn ja kaputt gemacht", behauptet er am Telefon. Als er die Wohnung verlassen habe, sei der Apparat noch in einem „einwandfreien" Zustand gewesen. „Ich habe nur Fernsehen geguckt", erwidere ich, mich verteidigend, aber Dr. Grün kennt kein Pardon. „Ich kann Ihnen keinen neuen kaufen."

So muss ich mich selbst um Ersatz kümmern, zu sehr fehlt mir die Dauerwettersendung. In Deutschland habe ich zwar seit mehr als zehn Jahren keinen Fernseher besessen und auch nie vermisst. Im Ausland aber sind mir die Sendungen wichtig geworden. Auch wenn die französischen Nachrichten häufig harmlos patriotisch sind. Franzosen bringen es fertig, eine einstündige Newssendung mit einer wieder eröffneten Bäckerei im Dorf Valdeblore, einer bewundernswerten Erfindung bei Airbus in Toulouse und einer Schießerei in Marseille zu füllen, ohne etwa das japanische Atomdrama oder Wahlen in Spanien zu erwähnen. Besonders die Nachrichten um 13 Uhr sind die reine Heimatshow. „So etwas Kitschiges habe ich ja noch nie gesehen", sage ich zu Hans. „Die fünfzehn Minuten der Tagesschau über Bombenattentate und Naturkatastrophen sind für mich fast noch sinnloser", erwidert er. „Was wirklich passiert, ist dadurch doch nicht zu verstehen." Wir staunen über Filmchen, die das glückselige, bäuerliche Frankreich zeigen und auch schon vor vierzig Jahren hätten laufen können. Warum schalten dreißig Prozent der Zuschauerinnen und Zuschauer täglich um 13 Uhr *TF 1* ein, und warum gehöre ich nun plötzlich auch dazu? Vielleicht, weil das Magazin eine Selbstzufriedenheit verströmt, die ansteckend ist.

Nach den ersten dreieinhalb Wochen wagen wir es: Wir laden Hans' Kollegen zu uns ein. Gäste zu empfangen, das fühlt sich heimisch an. Im Urlaub hat niemand Besuch, aber wir, als echte Bewohner Südfrankreichs, können nun zu Hause begrüßen. Es soll ein Abend mit deutschem Essen und französischen Gästen werden.

Für die Party kommt nun das Glas Currywurst-Soße aus Bochum zu Ehren. Die rotbraune Tunke von Dönninghaus, der Würstchenbude in der Bochumer Innenstadt, kennt im Ruhrgebiet jeder, weil sie so lecker und so scharf ist. Das Heimatsouvenir wog schwer in unseren Radtaschen, aber das war es uns wert.

Franzosen hingegen kennen überhaupt keine Bratwurst – und Currywürste schon gar nicht. Im Supermarkt gibt es nur sogenannte „Knackis", also Brühwürstchen, oder „boudins noirs", die ich einmal versehentlich kaufte. In dem schwarzen dicken Zipfel ist aber nicht, wie in der deutschen Wurst, alles Mögliche vom Schwein drin (das wollen wir besser auch nicht so genau wissen), sondern einfach nur gekochtes Schweineblut. Nicht zu verwechseln mit der „boudin blanc". In der weißen Variante befindet sich nur Fleisch, dazu Eier und Milch. Schmeckt ein bisschen wie deutsche Weißwurst. Wir entscheiden uns für die Boudins blancs.

Dazu wollen wir eine große Schüssel Kartoffelsalat zubereiten, den kennen Franzosen nämlich auch nicht. Alles Mayonnaisige ist ihnen ohnehin fremd, genauso wie Joghurtsoßen für den Salat. Häufig stehen einfach nur Essig und Öl auf dem Tisch, selbst im Restaurant.

Wir haben unsere Gäste auf 18 Uhr eingeladen, weil Hans' Kollege Jeremy mit Frau und seinen zwei kleinen Kindern kommen will. Die würden bestimmt wieder um 21 Uhr gehen müssen, dachten wir besorgt und luden auf extra früh ein. Um 18 Uhr sitzen wir ganz entspannt auf der Couch und essen die ersten Chips. Schließlich ist uns klar, Südfranzosen würden nie pünktlich eintrudeln. Um 18.30 Uhr klingelte als Erster Kevin, ein amerikanischer, stets gut gelaunter Physiker. „Good evening", sagte er. Kevin war froh, mit uns noch englisch sprechen zu können, er hatte den Sprachkurs gehasst und sah bei jedem französischen Satz sichtlich angestrengt aus. Und er entspricht derart dem amerikanischen Klischee, dass ich immer lachen muss – er spielt Frisbee, geht in neonfarbener Kluft surfen und hat sich aus den USA vier Pötte crunchige Erdnussbutter mitgebracht. Bei uns trinkt er keinen Wein, sondern ein Bier aus der Flasche.

Um 19 Uhr kommt Hans' Kollege Benjamin und schenkt uns drei Comics. „Das sind gerade meine bevorzugten Zeichner", sagt er, „schaut mal, wie ihr sie findet." In Frankreich sind Comics gerade auch für Erwachsene gedacht. In großen Buchhandlungen ist eine ganze Abteilung den Bildbänden vorbehalten. Sie erzählen nicht nur von den Panzerknackern oder Hägar, dem Schrecklichen, sondern richtige Geschichten, wie normale Prosa eben auch. Einer von Benjamins Comics gibt die Geschichte eines jungen, bekifften Fotografen wieder, der sein Geld damit verdient, Bilder von Leichen in Kriegsgebieten zu schießen. Bei einem sonntäglichen Mittagessen bei seinen Eltern erfährt er, dass sein Vater im Algerienkrieg für seine „besonderen Dienste" und „erfolgreichen Kämpfe" ausgezeichnet wurde. Für ihn bricht eine Welt zusammen.

Im zweiten Comic spielt eine vermenschlichte Katze die Hauptrolle. Sie ist Kommissarin und muss den Mord an einer verflossenen Liebe aufklären, am Ende ist sie selbst in das Verbrechen verwickelt. Der dritte handelt so verworren von einem Verrückten auf der Alm, der wortlos mit schlauen und dummen Schafen lebt, dass ich keine zusammenhängende Geschichte erkennen kann, aber Benjamin hat recht: Jedes Bild ist wie ein kleines Kunstwerk und es wert, einige Minuten betrachtet zu werden. Natürlich sagen Franzosen auch nicht „Comic", sondern „bande dessinée", also in etwa „gezeichneter Streifen". Mehr als dreißig Millionen verkaufen französische Buchhändler pro Jahr. In Nizza alleine gibt es drei verschiedene Buchhandlungen, die sich auf diese Bücher spezialisiert haben, und selbst im Supermarkt findet man zwischen Camembert und Müsli anspruchsvolle bandes dessinées zu kaufen.

Während wir unseren typischen Nizza-Aperitif – Chips, Oliven und Rotwein – verzehren, gucken wir alle in die bunten Bücher.

Als 20 Uhr schon lange verstrichen ist, sind Jeremy und seine Familie noch immer nicht da. „Vielleicht ist ein Kind krank geworden", mutmaße ich. „Oder er hat es ganz einfach vergessen?" Um viertel vor neun rufen wir Jeremy, nun schon etwas in Sorge, auf seinem Handy an. „Ach, wir biegen gerade um die Ecke, in zwei Minuten sind wir da." Kurz darauf kommen die vier mit zwei Champagnerflaschen die Treppe hoch – nie würde es einem Franzosen einfallen, Sekt zu verschenken. Selbst für eine Bowle verwenden sie das Getränk aus der Region Champagne. Zwanzig Minuten später können wir endlich unsere Currywürste essen, die seit zwei Stunden in der Pfanne vor sich hinbrutzeln. „Sieht ein bisschen aus wie ein Kinderessen", sagt Jeremys Frau Julie zu den kleinen Fleischschnipseln.

Die Würstchen in Soße sind trotzdem ein voller Erfolg. So sehr, dass Hans und ich nach dem ersten schnell aufhören zu essen, weil wir uns verkalkuliert haben: Zwei Currywürste pro Person sind an so einem Abend einfach zu wenig. Kevin hatte den ganzen Nachmittag im Wind gesurft und verputzte bestimmt alleine drei Dönninghauser. „Leckere Würstchen habt ihr da drüben", Jeremy tunkt sein Baguette in die rote Sauce. „Die halten bestimmt warm im deutschen Winter." Angefüllt mit geschätzten drei Würstchen, zwei Portionen fettigem Kartoffelsalat und seinen Sohn auf dem Schoß knackt es plötzlich unter Jeremy. Der zwanzig Jahre alte Ikea-Sessel von Dr. Grün ist hinüber. Um Mitternacht meint Jeremy, seine Kinder würden nun langsam müde. Tatsächlich haben sie aufgehört, mit ihrem mitgebrachten Lego zu spielen, und hängen etwas schlaff auf der Spieldecke herum. Vierzig Minuten später verlässt die Kleinfamilie als Letzte unsere Wohnung.

Februar

WIEDERHOLUNG GIBT SICHERHEIT. Sicherheit. Einer von Hans' Lieblingssprüchen. Und noch treffender in einem fremden Land. Auch hier verleiht es uns Sicherheit, immer wieder dieselben Dinge zu tun. Nach ein paar Wochen haben wir einige Rituale gefunden. Mit dem Rucksack auf dem Markt einzukaufen. Morgens beim Frühstück den Wetterkanal zu gucken. Einmal in der Woche frischen Fisch zu braten. Mit dem Rad auf den Aussichtsberg hinter Nizza zu fahren.

Die Arbeit gibt mir noch nicht das Gefühl, angekommen zu sein. Ich hatte gehofft, in einer Region mit vielen Touristen, aber wenigen deutschsprachigen Menschen recht einfach Arbeit zu finden. Aber schon meine Bewerbung beim Touristenbüro ging gründlich schief. Jeden Tag überlege ich mir nun neue Arbeitsfelder. Ich denke an geführte Rad- oder Wandertouren – aber auch dafür benötige ich eine zweijährige Ausbildung. Ich sinniere über Nachhilfestunden für französische Schüler in Deutsch, über Animationen in Ferienanlagen, sogar darüber, in einer Bäckerei zu arbeiten. Und ich habe meine Eltern vor Augen, die mein Politik-Studium mitfinanziert hatten und mich nun Schokobrötchen verkaufen sehen würden. Aber irgendwie habe ich das Gefühl, noch einmal neu anfangen zu können. „Das ist doch eine Chance", meint auch Hans. „Brötchen für sein Viertel zu backen kann wichtiger sein, als die WestLB in Düsseldorf zu kommentieren. Denk dir doch mal eine große Krise – welche Fähigkeiten von heute kannst du dann noch gebrauchen?" „Ich lebe aber nicht in einer Krise!"

Wenige Stunden später frage ich bei der Handelskammer nach einer Liste mit deutschen Firmen an der Côte d'Azur. Die allermeisten sind in Sophia Antipolis zu finden, einer Hightech-Ansiedlung in den Hügeln von Antibes. Viele sind kleine Start-ups, Autozulieferer, Versicherungen oder Banken. Nicht gerade meine berufliche Heimat, aber ich rufe die fünfzehn Firmen nacheinander an. „Oui, bonjour, mein Name ist Annika Joeres. Ich rufe Sie an, weil ich als deutsche Journalistin inzwischen in Nizza wohne. Ihre Firma ist spezialisiert auf Webdesign/Kommunikation/internationale Kunden, und ich würde mich sehr gerne bei Ihnen vorstellen. Ist das möglich?" An Antworten gab es nur zwei: „Nein, wir sind komplett/zu klein/schließen bald und benötigen keine neuen Mitarbeiter" oder auch: „Schicken Sie uns doch einmal Ihren Lebenslauf und ein kurzes Anschreiben, Sie hören dann von uns." Gar nicht schlecht! Also bastelte ich an verschiedenen Lebensläufen, schickte an einem Tag sieben Bewerbungen los und hatte ein gutes Gewissen für meine täglichen Ausflüge. Mitten in der Woche am Strand zu liegen macht mir nur Spaß, wenn ich danach wieder schreiben kann. Denn nein, auch an der Côte d'Azur ist es kein Vergnügen, arbeitslos zu sein.

Auch wenn mein erstes Ritual, das Einkaufen auf einem Markt in Nizza, sehr schön ist. Es bedeutet viel mehr, als Löcher im Magen zu stopfen. Zwei große Basare gibt es in der Stadt, einen eher touristischen am Cours Saleya in der Altstadt und einen an der Haltestelle Libération hinter dem Bahnhof. Obst und Gemüse sind herrlich und meistens aus der Region. Es gibt Zitronen und Orangen aus dem nicht weit entfernten Menton, Erdbeeren aus den Tälern bei Carros, Zucchiniblüten aus Villefranche, Olivenöl von den Hängen rund um Nizza, eingelegte Tomaten und Auberginen und kleine Kumquat-Bäumchen.

Auf der Mitte des Platzes steht Michelle mit ihrem kleinen Feuerofen. Sie verkauft Socca, einen traditionellen Snack in Nizza. Socca ist ein Fladen aus Kichererbsenmehl und Olivenöl, gebacken in einer runden flachen Form. „Sie müssen viel Pfeffer draufstreuen", sagt Michelle mir jedes Mal, wenn ich einen Socca verspeise, und das kommt häufig vor. Er schmeckt wie Kartoffelpuffer, nur dünner und weniger fettig. Früher, als die Menschen in Nizza, Antibes und im Hinterland vom Olivenanbau lebten, war es das Arme-Leute-Essen, heute verspeisen es die Niçoiser als Fast Food.

Der Saleya-Markt ist eine Pracht. An einem Stand sind kandierte Früchte ausgelegt, kleine Birnen, Clementinen und Ananasstücke so schwer wie Hefeteig und so süß, wie eben nur gezuckertes Obst schmecken kann. Mein Favorit sind kandierte Walderdbeeren. Ein Händchen voll kostet fünf Euro, aber hier ist es mir das wert.

Franzosen geben doppelt so viel für ihr Essen aus wie die Deutschen, und das sieht man ihnen und ihren Märkten an. Holländisches Gemüse, herangezogen auf Spanplatten, gespeist aus einer künstlichen Nährlösung, so was kennen die Südfranzosen nicht. Ihr kulinarisches Schreckgespenst heißt Spanien – das Land ist in Frankreich bekannt dafür, Gemüse und Obst in riesigen industriellen Anlagen herzustellen und es gegen Tierchen und für den Transport kräftig mit Pestiziden einzusprühen. Eigentlich gibt es diese Waren zu absurd billigen Preisen nur in französischen Supermärkten, auf dem „marché" trauen sich die Händler nicht, das Obst mit dem schlechten Ruf anzubieten. An einem Stand gibt es Fougasse, ein Weißbrot, mit Olivenöl beträufelt und wahlweise mit Oliven, Salami oder Artischocken belegt und mit Käse überbacken. Der Markt ist ein großer Spaß.

Der frische Fisch auf den Märkten an der Côte d'Azur stammt meist aus dem Atlantik. Im Mittelmeer wird nur noch wenig gefischt, zum Beispiel Oktopusse und Sardinen. Tintenfischsalat wird mein neues Lieblingsgericht. Den gibt es in vielen Restaurants und auch im Supermarkt an der Kühltheke. Aber er ist sehr teuer. Also kaufe ich auf dem Saleya selbst zwei echte Tintenfische, jeweils mit acht beziehungsweise sieben Tentakeln bestückt. Das schwarzrote Tintensäckchen wird noch vor Ort von der Fischverkäuferin mitsamt den nackten roten Armen herausgeschnitten. Als ich nach Hause komme, fragt Hans sofort: „Was stinkt denn hier so?" Ich halte ihm die kalte Plastiktüte vor die Nase. Er öffnet sie, und ihn glotzen die hervorstehenden Augen der Kraken an. „Die kannst du alleine essen." „Wieso, wir wollen doch südfranzösisch essen?!" So einfach ist das allerdings nicht. Die Augen muss ich mit der Küchenschere herausschneiden und die Tiere als Ganzes in kochendes Wasser werfen. Ein penetranter Fischgeruch durchzieht unsere kleine Wohnung, Hans öffnet die Schiebetüren zum Balkon, so weit es eben geht. Nach zehn Minuten müssen die Glibberkraken mühselig von Hand von ihrer dunklen Haut befreit werden, dann können sie in Stücke geschnitten und mit Öl, Kartoffeln und Zwiebeln gegessen werden. „Ganz schön anstrengend", sage ich zu Hans. „Aber wirklich köstlich, oder?"

Vielleicht habe ich ohnehin ein Faible für die Tintenfische. Hans' Mutter, die homöopathische Wälzer liest, hat mich als den Typ „Sepia" ausgemacht. Den dürste es nach dem Tintenfischsaft. Früher hätten manche die Tintenfässchen ausgetrunken, „wenn das mal keine Sepia gewesen" seien. Der Tintenfisch-Typ ist jedenfalls häufig eine frustrierte Hausfrau, wenn sie nicht berufstätig ist, oder eine recht abgebrühte Karrierefrau, die gerne Essig isst und viel tanzt. Trifft alles nur halb auf mich zu, aber der Niçoiser Tintenfischsalat ist gut für mich. Hans' Kollege Jeremy geht sogar im Frühjahr eigens mit einer Harpune auf Sepia-Jagd und schmeißt sie dann abends für die ganze Familie in den

Kochtopf. „Das ist ganz einfach", sagt er. „Sie sitzen zwischen den Steinen. Du tauchst, und zack!, spießt du die Meduse auf."

Ab und zu höre ich auf dem Saleya-Markt englische oder deutsche Stimmen, die sich über den „Nepp" beschweren, weil die Produkte teurer sind als im Supermarkt. Mag sein, aber ich habe jedes Mal Lust, zu widersprechen. Ich finde, sein Gemüse aus dem Nachbarort bei strahlendem Sonnenschein und zwei Minuten vom Strand entfernt zu kaufen ist sehr viel wert. Hier finden sich auch Unikate wie Roselyne. Ihre vielen Altersflecken auf der faltigen Haut hat sie sich sicherlich beim Ernten in ihrem Obstgarten in Villefranche erarbeitet. Roselyne verkauft seit zwei Jahrzehnten auf dem Saleya, vor allem ihre Zitrusfrüchte. Daraus macht sie entzückende Zitronenmarmelade, Zitronensirup, Zitronenseife, Zitronenbalsam, Zitronenbonbons und Zitronenlikör. Wahrscheinlich könnte sie ganze Bücher mit ihren Rezepten füllen. „Wir haben nur vier Bäume, aber die hängen voll", sagt sie mir. Tatsächlich wachsen Zitrusfrüchte an der Côte d'Azur fast wie Unkraut. Im Frühjahr ragen duftende Stängel, übersät mit weißen Blüten, über die Grundstückszäune, im Sommer dann die grünen Früchte, und erst ab Weihnachten werden die ersten Orangen, Clementinen und Zitronen reif. Der Ort Menton, direkt an der italienischen Grenze gelegen, feiert sogar länger als drei Wochen lang seine „fête du citron" – eine Art Karnevalsumzug im Fruchtkostüm. Die Frucht hat den Ort einst reich gemacht.

Aber die Zitronenfeier muss noch warten, zuerst muss ich die französische Bürokratie überwinden. Ich dachte immer, Beamte in Nürnberg, Ludwigshafen oder Schleswig seien besonders pedantisch, besonders langsam und besonders nervenzehrend. Aber die Franzosen übertreffen noch deren vermutete Lethargie mit unzähligen Formularen, die für jede Nichtigkeit beigebracht werden müssen. Ein seltsamer Gegensatz zu ihrem Ruf, besonders locker zu sein.

Ein Beispiel? Ich möchte einen Handyvertrag abschließen und bin bereit, für eine Flatrate ins europäische Ausland 80 Euro zu zahlen. Schließlich telefoniere ich für meine Artikel häufig mit deutschen Betroffenen, Politikern, Expertinnen und Redaktionen. Die Summe ist hoch, finde ich, und erwarte dafür insgeheim, besonders nett von dem Verkäufer in dem Geschäft der Mobilfunkkette behandelt zu werden. „Madame, so einfach geht das nicht", sagt der aber nur spitz. Er schickt mich mit einer Liste von zu besorgenden Dokumenten wieder nach Hause. Ich benötige den Mietvertrag (unserer ist seltsamerweise im Format DIN-A3), Kontoauszüge, die letzten Stromrechnungen zum Beweis, dass ich auch wirklich unter der Adresse meines Mietvertrages zu finden bin, sowie zwei Kopien meines Personalausweises. Und dann muss ich noch einen dreiseitigen Lückentext von der Firma selbst ausfüllen und jedes Papier unterschreiben. „Ich glaube, wir Südfranzosen müssen bei Verträgen immer ein Dokument mehr abgeben als üblich", wird mir später meine Freundin Hélène erklären. „Wir gelten als besonders unzuverlässig." Vielleicht ist es aber auch nur ein Gerücht unter Südfranzosen, die sich oft von den schicken, reichen und geschäftstüchtigen Parisern belächelt fühlen.

Gegen so viel Kopierstress helfen nur schöne Ausflüge. Und an der Küste ist nichts leichter als das: Fast alle zwanzig Minuten fahren wochentags die Züge zwischen Cannes im Westen und Menton an der italienischen Grenze. Und ich mag diese komfortablen Pendlerlinien. Wie allerdings gehbehinderte Menschen je damit fahren können, ist mir ein Rätsel, denn je nach Gleis sind die Stufen ins Abteil wahnsinnig hoch, sechzig Zentimeter und mehr. Frauen oder Männer mit Kinderwagen werden oft gemeinschaftlich und an vielen Händen in den Zug gezerrt. Dafür kosten die französischen Bahntickets nur halb so viel pro Kilometer wie deutsche. Vielleicht, weil die SNCF nach wie vor staatlich ist und kein börsenbegeisterter Manager je versucht hat, das Ding an Aktionäre zu verkaufen. 1868 wurde die Bahnstrecke eingeweiht, damals fuhren die Waggons noch durch landwirtschaftliche Einöde und ärmliche Fischerdörfer an der Küste. Die 25 Minuten bis Menton drücke ich mein Gesicht an die Scheibe, so schön ist die Aussicht. Unser Zug fährt direkt an Wasser und Palmen entlang, vorbei an der halbkreisförmigen Bucht von Villefranche, an den Villen von Beaulieu. In Èze winken wir heimlich Bonos Villa zu, der U2-Sänger lebt seit Jahren an der Côte d'Azur. Enttäuscht sind wir über die Tunnelfahrt in Monaco, ich hatte auf Ausblicke auf das Fürstentum gehofft. Doch der Ministaat lässt seine Bahn seit gut fünfzehn Jahren unterirdisch fahren, um überirdisch Hochhäuser bauen zu können. Die sind dann aber später vom Zug aus in Cap d'Ail zu betrachten, bevor er in Menton einrollt, der letzten Stadt vor der Grenze nach Italien.

Die Häuser in Menton sind frisch pastellfarben angestrichen, auf dem kleinen Markt werden teure Antiquitäten und echte Pelzmäntel verkauft. Menton gilt als Rentnerparadies, in dem Engländer, Deutsche und zunehmend auch Russen ihren warmen Lebensabend verbringen wollen. Menton ist sauber, fast ein bisschen zu geleckt und geschrubbt, von oben bis unten renoviert. Außerdem rühmt es sich – wie jede Stadt an der Côte d'Azur – eines eigenen Mikroklimas, das noch ein bisschen wärmer sein soll als üblich. Tatsächlich fallen hier die Alpen steiler ins Meer als weiter westlich, und so schützen sie Menton vor kalten Winden. Die Zitronen- und Clementinenbäume sind eine Wucht.

Jetzt, im Februar, ist die Stadt mit diesen Früchten geschmückt, die Fête du Citron steht an. Begeistert pflücke ich auf dem Weg vom Bahnhof zum Meer eine Mandarine, die mir paradiesisch über dem Kopf baumelte. Sie ist entsetzlich sauer, und ihr Inneres besteht fast nur aus weißen

Fasern. „Haha", lacht ein Bauarbeiter, der mich aus seiner Grube anspricht. „Die sind doch nicht zum Essen. Da können Sie höchstens Likör draus machen." Ich wurde also Opfer der südfranzösischen Art, sich vor ausgehungerten Touristen zu schützen: Alle öffentlich gepflanzten Zitrusfrüchte sind bitter und roh ungenießbar. Deshalb hängen die Bäume auch monatelang unberührt so voll mit den gelben und orangefarbenen Bällchen, mitten in der Stadt.

Kurz nach dem Hafen wollen wir unsere Wanderung starten. In Menton beginnt der GR 52, ein europäischer Fernwanderweg, der einmal quer durch Frankreich bis nach Amsterdam führt. Ich bin froh, an diesem Ende des GR 52 zu laufen – es ist Mitte Februar, und ich trage eine kurze Hose und Top. „Amsterdam liegt sicherlich in einer nebligen Dunstwolke", sage ich zu Hans. „Und der feine Nieselregen kriecht langsam in die Krägen der Wintermäntel", ergänzt Hans. Die Sonne hat uns schadenfroh gemacht.

Siebenhundert Meter schlängelt sich der Weg in Serpentinen steil nach oben, erst durch ein Villenviertel, dann durch Olivenhaine und schließlich durch duftendes Gestrüpp, die berühmte undurchdringliche Macchia, in der sich einst Räuber und Banditen versteckt haben sollen. Heute verbirgt sich hier niemand mehr, aber die stachligen Büsche und dornigen Gräser verkratzen meine Beine, die am Abend mit feinen roten Striemen überzogen sind.

Nach ein paar durchwanderten Stunden erreichen wir auf dem Rückweg das hübsche Dorf Castellar. Wie erwartet fährt hierhin wie zu fast jedem noch so kleinen Weiler in den Bergen der Côte d'Azur ein Bus. Aber leider nur fünf- oder sechsmal am Tag. „So ein Pech", sage ich. Und: „Guck mal, wir können uns in das Café dort setzen." Zwei Stunden sitzen wir auf zwei Brasserie-Stühlen am Marktplatz und dieses lange Ausharren ist sehr entspannend. Am Nebentisch kichern drei sorgfältig frisierte jugendliche Mädchen und trinken ihre Orangina, ältere Männer mit Dreitagebart konsumieren an der Bar ihren Pastis. Sie nehmen kleine Schlucke aus ihren Gläsern und füllen alle paar Minuten einen Eiswürfel und etwas Wasser aus dem Krug nach. Die Langsamkeit des südfranzösischen Dorflebens greift auf uns über. Wir beobachten vorbeistreunende Katzen, halten unser Gesicht in die Sonne und reden wenig.

Als die Sonne untergeht, fährt Enzo auf den Marktplatz. Unser Busfahrer stellt sich direkt mit Namen und Handschlag vor: Enzo! „Ich bin Enzo, und mich kennt jeder", sagt er zu uns. „Zumindest hat jeder schon einmal von mir gehört." Die gesamte dreißigminütige Fahrt den Berg hinunter nach Menton nimmt er uns in Beschlag, bleibt manchmal sogar am Straßenrand stehen, wenn er besonders heftig zu einer seiner Geschichten gestikulieren muss. „Ich komme aus Ventimiglia, dem italienischen Grenzort", sagt er und verlangsamt seine Fahrt auf zwanzig Stundenkilometer. „Dort ist es auch schön, und ich bin eine kleine Berühmtheit." „Warum denn?" „Na, ich bin Enzo, mich kennt dort jeder, ich bin ja da geboren." Und fährt fort: „Ich kann auch gut kochen." Er lade immer viele Menschen zu sich ein, und dann feiere man bis in die Nacht hinein. „Mich kennt jeder." Noch Monate später lache ich manchmal über den wild fuchtelnden kleinen Mann mit den pechschwarzen Haaren. Er ist eben wirklich eine kleine Berühmtheit.

„Ach, in Castellar wart ihr?", fragt am nächsten Morgen Hans' Kollege Benjamin mit gespieltem Entsetzen. „Das ist der mafiöseste Ort an der gesamten Côte d'Azur. Vor wenigen Jahren wurde dort ein Schäfer erstochen – alle sollen gewusst haben, wer der Mörder ist, aber niemand hat gesprochen. Es ist die reine Omerta da oben." Und uns schien der Ort so idyllisch!

Der Ausflug war so herrlich, dass wir am nächsten Wochenende direkt wieder losziehen. Diesmal geht es nach

Èze, zwischen Nizza und Menton gelegen. Èze besteht aus drei Stadtteilen, jeder auf einer anderen Höhe angesiedelt. Èze-Bord de Mer liegt an der Küste und hat außer ein paar Strandrestaurants wenig zu bieten. Komisch eigentlich, dass sich hier gleich die ganze U2-Band niedergelassen hat. Bono & Co. haben in Èze Häuser am Meer gekauft, und einmal im Jahr gibt Bono dafür der Lokalzeitung ein Interview. Er hat natürlich das größte Anwesen, ganz im Osten der Bucht. Seine Zufahrtstraße ist privat, sie führt durch einen Tunnel unter den Gleisen zur Villa am Meer. Vom Garten aus kann Bono über einen kleinen Steg auf seine Halbinsel treten, auf der er einen Swimmingpool in den Felsklippen angelegt hat.

Wir wandern von Èze-Bord de Mer nach Èze Village hoch, rund dreihundert Meter über dem Meer gelegen. Der Weg heißt „Nietzsche", weil der Philosoph einige Jahre an der Côte d'Azur verbracht hatte. Wie viele Künstler brauchte er die tägliche Bewegung. Am Eingang der Strecke steht ein Schild mit einem Nietzsche-Zitat: „Meine Muskeln sind am stärksten, wenn ich besonders kreativ bin. Mein Körper ist enthusiastisch ... Ich kann dann, ohne müde zu werden, sieben oder acht Stunden hintereinander durch die Berge wandern. Dann schlafe ich gut und lache viel."

Wir gehen einen verwunschenen Weg entlang, und auch wir kommen lachend in Èze Village an, knapp vierhundert Meter über dem Meer gelegen. Èze Village ist die eigentliche, historische Stadt, ein richtiges Adlernest. Im Sommer steuern viele Touristenbusse den Ort an, aber nun, im Februar, ist es ruhig, der fußballfeldgroße Parkplatz unterhalb des Dorfes verlassen. Eine steile, kopfsteingepflasterte Gasse führt ins Zentrum, über die Steinmauern rankt lila blühender Rosmarin, ein niedliches Café reiht sich ans nächste. Ich fühle mich in ein impressionistisches Gemälde versetzt. Die einzige Aussichtsterrasse mit Blick aufs Meer gehört dem

Fünfsternerestaurant „Chèvre-d'or". „Das sieht aber hübsch aus", sage ich, „hier möchte ich einen Milchkaffee trinken." Wir gucken auf die Speisekarte, eingefasst in einen schmiedeeisernen Rahmen. Mein Getränk soll 5,60 Euro kosten, etwa so viel wie sechs Baguettes in einer Boulangerie. „Äh, komm, wir gehen picknicken." Im botanischen Garten packen wir unsere Camembert-Sandwiches aus. Dem Milchkaffee trauere ich nicht hinterher, dies hier ist ein wunderschöner Platz, von dem aus wir die Küste der Côte d'Azur überblicken können, bis zum Esterelgebirge hinter Cannes reicht der Blick. „Guck mal die Agave neben dir an, die ist ja riesig", sagt Hans. Tatsächlich, wir sitzen direkt neben einer blühenden Agave. Die Engländer nennen die Pflanze mit den ausladenden, dickblättrigen und spitz zulaufenden Blättern „century plant", weil sie meistens erst nach vielen Jahrzehnten einmal blüht. Dann wächst innerhalb von wenigen Tagen eine meterhohe Dolde aus dem Inneren, die schon von Weitem zu sehen ist. Tragischerweise ist die riesige Blüte zugleich der Tod der Pflanze – wenn die walnussgroßen Samen zur Erde fallen, stirbt die ganze Agave. Mexikaner machen aus dem Saft im Stamm dann schnell Tequila, in Südfrankreich kommen die Pflanzen einfallslos auf den Kompost. Einige trockene Hänge an der Côte d'Azur sind gepflastert mit diesen Spargelgewächsen, und das Schauspiel der seltenen Blüte ist häufig zu sehen.

Nach Sandwich und ausgiebigem Agaven-Gucken steigen wir wieder zur Küste hinab. Schritt für Schritt nähern wir uns dem türkisfarbenen Meer. Und uns widerfährt wieder eines der seltsamen südfranzösischen Busphänomene. Normalerweise zirkuliert der 100er-Bus täglich alle fünfzehn Minuten zwischen Nizza und Menton. Eine fantastische Strecke an der „basse corniche", der Küstenstraße entlang, immer nur wenige Meter über dem Meer. Bloß – nach dreißig Minuten ist immer noch kein Bus vorbeigefahren. „Das darf doch nicht wahr sein, was ist denn hier schon wieder los?", stöhne ich. „Diese Fahrpläne sind aber auch absolut sinnlos", mault auch Hans. Schon häufig haben wir beobachtet, wie lange Zeit kein 100er kam, dann wieder zwei in einem Abstand von zwei Minuten. Die Pläne geben immer nur an, wann der Busfahrer am Ausgangspunkt losfährt, nicht aber, wann er an der jeweiligen Haltestelle eintreffen soll. Das hatte mir schon die Hausmeisterin erklärt, als ich sie nach einem Busfahrplan fragte: „Ich gehe immer frühzeitig zur Haltestelle und hoffe, einen guten Moment erwischt zu haben." Den haben wir an diesem Sonntag jedenfalls nicht erwischt. Eine Stunde lang kommt gar kein Bus, dann fährt einer an uns vorbei, an dem „complet" steht. „Complet" heißt es immer dann, wenn die Menschen wie in einer U-Bahn aneinandergedrückt im Wagen stehen. Oder wenn der Fahrer keine Lust mehr hat und mit einem halb vollen Bus nicht mehr anhalten mag – meine persönliche Theorie. Diesmal ist der Bus aber wirklich bis auf den letzten Platz besetzt und der darauf folgende auch. „Ist heute was Besonderes?", frage ich eine Dame, die mit ihrem Hund neben uns wartet. „Heute ist doch in Monaco die Rallye Monte Carlo, da ist das immer so voll." „O nein, das haben wir ja ganz vergessen." Neunzig Minuten später hält dann doch ein Bus. An dem hängt zwar auch wieder das Schild mit der Aufschrift „complet", aber offenbar hatte der Fahrer Mitleid mit den beiden hellhäutigen Ausländern an der Haltestelle. Als die Dunkelheit anbricht, kommen wir in der Villa Angustina an. Müde fallen wir schon um neun Uhr ins Bett. „Es ist alles so intensiv hier", sagt Hans.

Endlich möchte ich doch mal echte Franzosen kennenlernen. Echte Niçoiser, geboren an der Côte d'Azur, mit denen ich mich verabreden könnte. Erst dann werde ich ein Gefühl von „zu Hause" für Nizza empfinden. Die Antworten der

Firmen auf meine Bewerbungen lassen auf sich warten, also muss ich in meiner Freizeit Kontakt suchen. Im Internet recherchiere ich nach örtlichen Vereinen. „Wusste gar nicht, dass du so eine Vereinsmeierin bist", sagt Hans. „Bin ich auch nicht, aber hier finde ich es schön, in der Gruppe etwas zu unternehmen." Hans guckt etwas skeptisch, vielleicht hat er Angst, ich würde Schatzmeisterin von irgend so einem Folkloreverband.

Meine Wahl fällt auf den Wanderclub. Sicherlich voller Senioren, Jüngere stürzen sich lieber im Neoprenanzug Wasserfälle hinunter oder klettern mit der Spitzhacke gefrorene Wasserfälle hinauf. Ich bin nicht so waghalsig. „Die Älteren können mir bestimmt viel über das Nizza von früher erzählen, als noch keine Touristen da waren", sage ich, und Hans nickt. Ich melde mich für die nächste Wandertour am Sonntag an. Der Bus fährt früh um 6.30 Uhr am Platz Masséna ab, mitten in Nizza. Um 5.30 Uhr schellt mein Wecker, ich fühle mich, als wäre ich gerade erst eingeschlafen. Mit einem Glas Wasser im Bauch eile ich den nachtschwarzen Hügel zum Bus hinab.

Ich habe mich nicht getäuscht – außer einer Gleichaltrigen bin ich mit Abstand die Jüngste in der Gruppe. „Nächste Woche werde ich achtzig", sagt Yvonne, die Frau neben mir im Bus. Sie futtert zum Frühstück ein Händchen voll Haselnüsse. Etwas beschämt beiße ich in mein doppelt belegtes Sandwich, das ich mir in Erwartung einer großen Anstrengung geschmiert hatte. Ob diese Greisentruppe mit ihrem kargen Nussfrühstück überhaupt richtig wandert? „Du wirst staunen, wie schön es hier ist", sagt Yvonne. Sie hat nach dem Tod ihres Mannes vor zwanzig Jahren angefangen zu wandern und ist heute die gute Seele des Clubs. In voller Fahrt wird sie später durch die Sitzreihen gehen und von jedem fünf Euro einsammeln.

Wir fahren ins Roya-Tal direkt an der italienischen Grenze. In dieser steilen, felsigen Senke wechselt alle paar Kilometer die Nationalität. Die italienischen Dörfer sind an den Wurst- und Keks-Ständen zu erkennen, die französischen an ihren Boulangerien. Hoch oben beim Ort Saorge geht es los. Saorge ist ein Unikum. Das kleine Dorf wird von Hippies und Aussteigern bewohnt und ist das einzige im ganzen Département, in dem die Grünen bei Wahlen eine Mehrheit bekommen. Die kleine Épicerie bietet selbstgemachten biologischen Haferkuchen an, viele Männer tragen Bärte und manchmal auch Babys im Trageschal, die Frauen haben bunte Tücher im Haar und schwielige Hände vom Gemüsebeet-Umgraben. An einem Schwarzen Brett klebt eine handgeschriebene Annonce: „Michel zieht nach Saorge. Er hat noch keine Möbel. Bitte spendet Eure."

Um 8 Uhr früh setzt sich unser Trupp in Bewegung. Die Gruppe ist in zwei Niveaus eingeteilt, und Jean-Louis, ein drahtiger Wanderführer, ordnet mich in die langsamere ein. „Die jungen Leute überschätzen sich immer", sagt er freundlich, kurz bevor ich protestieren kann. Na gut, mache ich eben einen gemütlichen Spaziertag.

Wir laufen los, ganz vorneweg Yvonne. Das Tempo zieht an. Die Gruppe kraxelt aufwärts, nach einer Stunde haben wir 450 Höhenmeter hinter uns. Ich trage bei zehn Grad nur ein T-Shirt und schwitze dennoch. „Ça va?", fragt Jean-Louis besorgt und mit ein klein wenig Hochmut in der Stimme. „Oui oui, très bien", sage ich und versuche, nicht außer Atem zu klingen. Ich bin froh, nicht in Gruppe eins unterwegs zu sein und wenigstens halbwegs Schritt zu halten.

Es ist kalt im Roya-Tal, auf den Wanderwegen liegen Schneepfützen, und ich bremse die Gruppe aus Angst, auf dem Eis auszurutschen. Jean-Louis, 76 Jahre alt, wuselt von hinten nach vorne und wieder zurück und hat am Ende sicherlich ein paar Kilometer mehr hinter sich als seine Gefolgschaft. Zur Mittagspause setzen wir uns auf eine Bergnase und schauen ins wilde Roya-Tal. Tief unten schlängelt sich der Fluss, die Hänge sind terrassiert und mit Olivenbäumen bepflanzt. „Ich habe doch gesagt, dass es schön ist hier, nicht wahr?", sagt Yvonne. „Und im Sommer sind die Ausblicke noch spektakulärer, wenn wir auf die Zwei- und Dreitausender wandern." Zum Mittagessen mümmelt Yvonne eine kleine Banane, und wie ein Duracell-Männchen läuft sie die Berge rauf und runter. Sie wandert jeden Sonntag, das muss ihr Geheimnis sein. Ich halte mich bescheiden im Hintergrund und sage auf alle Fragen immer: „Oui oui, ça va très bien."

Hinter mir geht nur noch Hélène, die einzige ebenso junge Frau in der Gruppe. Sie gefällt mir, weil sie ihr Ding macht und sich nicht von den Sprüchen der Alten stören lässt. „Tss, tss, wandern und rauchen, das passt aber nicht zusammen." „Ich weiß", antwortet Hélène nur und raucht unbekümmert auf dem Gipfel ihre Selbstgedrehte weiter. Sie kennt jeden Pilz und jede Pflanze mit Namen und hat sich im Laufe des Tages eine Kräuterpfanne zusammengepflückt. Die Frau mit den wilden langen Haaren wird in den kommenden Monaten eine enge Freundin von mir werden.

Auf französischen Touren wird kein Alkohol getrunken, sondern nur stramm gewandert. Erst als wir am Zielort eintreffen, bestellen wir ein Bier. Wir stoßen an: „Santé!" „In Deutschland trinkt ihr nur Bier aus Ein-Liter-Gläsern, oder?", fragt Jean-Louis. „Ach, eigentlich nur in Bayern und dann auch nicht immer", wehre ich ab, aber meine Antwort geht im allgemeinen Gemurmel über die biersaufenden Deutschen unter. „Bier macht stark", sagt einer und zeigt auf mich. „Ja, die Deutschen sind kräftig", stimmen alle ein. Ich fühle mich wie ein elefantöses Germanen-Geschoss.

Aber meine Wanderkollegen haben ja recht – Französinnen sind einfach zarter als Deutsche. Ein deutsches Kleid in meiner Größe S gilt in Frankreich als M, und Schuhe über Größe 38 sind eigentlich französischen Männern vorbehalten. Die wiederum selten größer als 1,75 Meter sind und irgendwie auch schmächtiger wirken. Nach ein paar Schluck Bier und dank der anwesenden „kräftigen" Deutschen kommt der Wanderclub nun richtig in Fahrt. „Ich war einmal in Deutschland", sagt Joselyne, eine kleine Frau mit Lockenkopf und rosafarbenem Fleecepulli. Sie macht eine Kunstpause. „Da haben sie morgens zuerst zu Mittag gegessen und dann noch das französische Frühstück hinterher." Der Club staunt, ich nicke. So eine ähnliche Geschichte über die Deutschen habe ich schon einmal gehört. „Ja, die essen Brote mit Wurst und Käse, mit Butter und Leberwurst, und manchmal auch noch ein gekochtes Ei dazu." Joselyne guckt triumphierend in die Runde, die Senioren hängen an ihren Lippen. „Und anschließend", so die rosarote Madame, „essen sie noch Croissants mit Butter und Marmelade." Joselyne ist zufrieden, das Erstaunen ist groß. Sie mustern mich nun plötzlich, als könnten sie an meinem Körper die Reste des deutschen Frühstücks ablesen. Mir fällt dazu nichts ein, ich denke an mein Sandwich von heute Morgen und schaue konzentriert auf die Wanderkarte.

An diesem Februarnachmittag sind wir die Einzigen in der Boulangerie in Breil-sur-Roya, etwas südlicher als unser Ausgangsort Saorge gelegen. Die „gâteaux" haben nichts mit den riesigen Puddingschnecken oder Zuckerstreuseltalern gemein, die es an deutschen Bahnhöfen samt Milchkaffee-Eimern zu kaufen gibt. Französische Törtchen sind etwa drei Zentimeter breit und fünf Zentimeter lang. Feine Konditoreien bieten sie auch als „réduits" an, das sind walnussgroße, süße Häppchen, wahlweise mit drei Himbeeren, einer Erdbeere oder zwei Kaffeebohnen belegt.

Immer wieder staune ich, wie menschenleer Städte und Natur sind, sobald wir uns nur einige Kilometer von der

Küste entfernen. Selbst im August werden wir auf unseren Wanderungen nur wenige Menschen antreffen – die vielen Millionen Touristen, die jedes Jahr an die Côte d'Azur kommen, tummeln sich mehrheitlich an den Stränden. Dabei sind die Berge so nah. Direkt in Nizza beginnt der Alpenbogen, der bis zum Genfer See und dann nach Italien führt. Das Mercantour-Gebirge ist inzwischen ein Nationalpark, seine Gipfel erreichen 3000 Meter und mehr. Im Herbst sind auf den Höhenwegen rundgefutterte Murmeltiere zu sehen, im Frühjahr Gämsen und Steinböcke, die mit ihren Geweihen aneinanderknallen.

Früher, so erzählt Yvonne auf der Rückfahrt im Bus, sei das Hinterland viel belebter gewesen. „In jedem noch so kleinen Dorf gab es zwei gute Restaurants und eine Bar." Jeden Sonntag hätten die Bewohner von Cannes, Antibes und Nizza ihre Picknickkörbe gepackt und seien in die Berge gefahren. Heute, so glaubt sie, säßen alle vor ihren Fernsehern oder Computern. „So stört uns wenigstens keiner bei unseren Wanderungen!", ruft Jean-Louis, und die Runde lacht. Ich habe Lust, am nächsten Sonntag noch einmal mit der Seniorengruppe loszuziehen. Im Ausland fällt es leichter, sich mit sehr ungleichen Menschen zu verstehen, wahrscheinlich macht mich die Distanz zu meinen gewohnten Studi- und WG-Freundinnen offener. Am Ende verbandele ich mich aber doch mit einer Gleichaltrigen. „Lass uns doch diese Woche mal ohne den Club treffen", schlägt mir Hélène bei der Ankunft vor. „O ja, sehr gerne." Und ich freue mich über meine erste echte Verabredung an der Côte d'Azur.

Am nächsten Tag fällt es mir schwer, meine Kaffeetasse zu heben. Muskelkater, der erste seit Jahren! Nicht so sehr in den Beinen, aber in den Unterarmen. Wahrscheinlich vom ängstlichen Stützten auf die Wanderstöcke beim Abstieg. Ausgerechnet beim Schreiben am Computer zieht es arg vom Handgelenk bis in den Ellenbogen hinauf. Aber es hilft nichts, ich habe Aufträge, über den weltberühmten Karneval in Nizza zu schreiben. Während sich die Firmen aus Sophia-Antipolis auch trotz Nachfragen per E-Mail nicht melden, habe ich beschlossen, mich auf meinen alten, geliebten Job zu konzentrieren: das Schreiben.

Der Karneval ist sicherlich nicht die hohe Kunst der Journalistik, aber immerhin eine herrlich und gut duftende Aufgabe: Mein Tagewerk riecht süßlich nach Mimosen und Gladiolen. Zwanzig blumig geschmückte Wagen machen die Hauptattraktion des französischen Faschings aus. Die jecke Zeit am Mittelmeer hat mit den bierseligen Straßenfesten in Deutschland wenig gemein. Ich sehe weder rote Pappnasen noch betrunkene Männer im Pippi-Langstrumpf-Outfit. Die Franzosen tragen normale Straßenkleidung, manche Kinder schmeißen mit Konfetti. Irgendwie hatte ich mir die Umzüge ausschweifender vorgestellt, eher so wie in Rio, mit tanzenden Fans auf der Straße. Weit gefehlt. Gesittet und ruhig sitzen die Zuschauer auf großen Tribünen und schauen dem rund eineinhalbstündigen Spektakel zu.

Drei Wochen lang laufen die Umzüge in Nizza. Der Karneval an der Côte d'Azur hat eine große Tradition. Die ersten Zeugnisse einer Feier finden sich schon im 13. Jahrhundert. Seitdem kommen jede Saison mehr Touristen aus aller Welt. Schließlich können sie sich darauf verlassen, schon im Februar bei frühlingshaften Temperaturen den Umzug zu genießen und von der Strandpromenade aus zuzuschauen.

„Der Karneval ist eine ernste Sache", sagt Annie Sidro. Die Historikerin gehört weltweit zu den renommiertesten Forscherinnen über den Karneval. Ich interviewe die enthusiastische kleine Frau in ihrem Arbeitszimmer an der Universität von Nizza. An seinen Wänden hängen Fotos von Paraden in aller Welt. Sidro hat für die UNESCO, die Kultur- und Bildungsorganisation der UNO, zahlreiche Länder beraten. Die Französin gerät ins Schwärmen, wenn sie vom

Karneval spricht. „Der Umzug bezeugt die plastische Kunst, es ist eine professionelle Inszenierung wie auf den Theaterbühnen. Heute wie früher wollen sich Menschen verkleiden und gegen das Böse und Unvorhersehbare in ihrem Leben rebellieren." Dies sei die universelle Sprache des Karnevals – ob in Rio de Janeiro, im Rheinland oder in Nizza.

Der Karneval in Nizza hat eine wilde Geschichte: Noch im 19. Jahrhundert strömten die Bürger mit möglichst abschreckenden Fratzen auf die Straße. Sie bewarfen sich mit Eiern, Mehl- und Gipskugeln, auch Kichererbsen und Möhren wurden geschmissen. Die im Februar wild wuchernden sonnengelben Mimosen dienten ebenfalls als Geschosse, und wochenlang waren die Straßen mit den Blüten übersät. Heute entwerfen Kunststudenten an der Universität von Nizza die prachtvollen Figuren. Monatelang fertigen sie die Pappmaschee- und Stofffiguren an. Auch die Funkenmariechen sind recht künstlich: Auf den Blumenwagen stehen professionelle Mannequins.

Erst bin ich ein wenig ernüchtert, weil alle so steif auf ihren Plastikstühlchen sitzen. Niemand singt, niemand trinkt, niemand schunkelt. Die südfranzösischen Umzugswagen zeigen aufwendig konstruierte Fantasiefiguren und kostümierte Tänzer und Akrobaten, aber niemals ins Groteske verzerrte Politiker oder andere Berühmtheiten. Aber die „bataille des fleurs", der Kampf um die Blumen der geschmückten Wagen, ist schon ein Spaß. Orchideen, Rosen, Mimosen und unzählige bunte Blüten landen in der Menge. Ich habe in beiden Händen Fotoapparat und Notizblock und ergattere nur ein paar Mimosenstängel, aber meine österreichische Sitznachbarin ist geschickter und fängt sich einen gigantischen Strauß zusammen.

Die seltsame Sittsamkeit will nur schwer zu der südfranzösischen Feierfreude passen, weswegen die Veranstalter inzwischen zu einem ausgelasseneren Karneval zu animieren versuchen: Wer sich von Kopf bis Fuß verkleidet, darf umsonst zugucken. Eine simple Maske genüge aber nicht, warnt das Touristenbüro bereits auf seiner Homepage. Weil es ohnehin fast nur Touristen sind, die 20 oder 30 Euro für ein Ticket ausgeben wollen, und nur wenige mit Sheriffs- oder Schlumpfkostüm verreisen, sehe ich nur Menschen in Alltagskleidung.

Das Tollste am Karneval in Nizza ist ohnehin sein Ende. Nach unzähligen Blumenschlachten wird die Königsfigur, die jedem Umzug voranschreitet, auf dem Meer verbrannt. Damit vertreiben die Menschen den Winter und begrüßen den Frühling. Warum die Königin am Leben bleibt, kann mir niemand sagen. Die männliche Figur ist recht hässlich, trägt eine überdimensionierte Nase, ist garagengroß, heliumgefüllt und aus Pappmaschee gebastelt. Als wir am Strand ankommen, thront der König schon einige Meter entfernt auf einem Holzfloß. Dicht an dicht sitzen wir mit Tausenden anderen auf den Strandkieseln, um das Spektakel zu bewundern. Es ist eng, gefühlt sitzt die gesamte Stadt an der Promenade. Einige spielen auf mitgebrachten Gitarren, andere stimmen Chansons an. Und immer mehr Menschen strömen ans Wasser. Als ich das Gefühl habe, es passt nicht einmal mehr ein Kleinkind auf die Kiesel, wird die Figur entzündet. Allen entfährt ein lautes „Aaaah", der König brennt lichterloh. Wir verstummen. Andächtig gucken wir auf die meterhohen prasselnden Flammen – ein magischer Moment.

Als das Feuer nur noch vor sich hinkokelt, hebt die Musik wieder an. Ein paar Meter weiter singt eine Gruppe „Je ne regrette rien" von Edith Piaf. „Non, rien de rien, non, je ne regrette rien", summt es. Ich liege auf den Kieseln und gucke in den Himmel, es ist der letzte Februartag, und doch ist es lauwarm. Das anschließende Feuerwerk will nicht enden.

März

HEUTE MORGEN BEKAM ICH BEIM BÄCKER eine rote Rose geschenkt. „Pour vous, Mademoiselle", verbeugt sich der Patron. Ich bin ein wenig verstört, bis der schnurrbärtige Mann erklärt: „Heute ist doch Weltfrauentag!" Natürlich. Es ist der Weltfrauentag für die Emanzipation, die ich in Frankreich als so ambivalent erlebe. In den Geschäften haben Kleider viel mehr Schleifchen und Rüschchen als in Deutschland, die Schuhe sind grundsätzlich hochhackig. Französinnen erwarten, dass ihnen die Tür aufgehalten wird und der Mann das Essen bezahlt. Selbst Hélène, die eher in Wanderschuhen als in Pumps aus dem Haus geht, findet, dass Männer ihre Partnerin nach Hause bringen sollten. „C'est la moindre des choses" – das sei ja wohl das Mindeste. Aber diese Verniedlichung, diese seltsame Galanterie, ist nur eine Seite. Gleichzeitig machen Französinnen viel häufiger Karriere als Deutsche, die meisten Mütter arbeiten Vollzeit, und längst herrscht in französischen Aufsichtsräten die Quote. „Wir haben eine gleichberechtigte Macho-Gesellschaft", sagt Hélène. Immerhin ist diese Mischung angenehmer, als die Tüten selbst zu schleppen und dann auch noch keine Karriere machen zu können, denke ich. „Merci", sage ich zum Bäcker und nehme die rote Rose mit nach Hause.

Nach dem ersten Kneipenabend mit Hélène fühle ich mich schon ganz heimisch. In einer Bar hinter dem Hafen haben wir belgisches Bier mit Kirschgeschmack getrunken und über alles Mögliche gesprochen. Zuerst ging es um die unbedingt noch zu erklimmenden Gipfel im Mercantour, unser gemeinsames Wanderhobby hatte uns schließlich zusammengebracht. Ich erzählte von meinem Job als Journalistin, sie über ihre Arbeit mit sozial benachteiligten Jugendlichen, wir sprachen über das Essen in Nizza und darüber, warum ihr letzter Freund zwar ein Idiot war, sie aber immer noch um ihn trauerte, weil er zugleich so tiefgründig und eigenständig war. „Er war der Erste, um den ich mich bemühen musste, und hat sich rargemacht. Am Ende konnten wir uns nicht einmal normal verabreden, weil er sich auf nichts festlegen wollte." Obwohl schon seit zwei Jahren ihr Ex, ist er immer noch sehr präsent. „Am Anfang ist er für mich sogar wandern gegangen, direkt in Nizza sind wir losgestiefelt. Und ich habe ihn bei seinen Motorradtouren begleitet. Irgendwann fing er an, auch wochentags zu trinken." Hélène macht eine lange Pause. „Irgendwie verliebe ich mich immer in kaputte Typen", sagt sie seufzend. Und wir reden und reden über die Attraktivität von kaputten Typen.

„Soll ich dich nach Hause bringen?", fragt Hélène, als der Wirt kurz nach Mitternacht die letzte Runde einläutet. „Hast du denn noch einen zweiten Helm?" Ich war noch nie Beifahrerin auf einem Roller und stelle es mir gerade auf den Straßen von Nizza gefährlich vor. „Ja, klar, kein Problem." Hélènes rote Vespa kommt mir ganz schön zerbeult vor. „Ich habe den gebraucht schon so zerbeult gekauft, keine Sorge", bemerkt Hélène, als habe sie meine Gedanken geahnt. Ich schwinge mein Bein über den Sitz, kralle mich an ihrer Jacke fest, und wir düsen durch die nächtlich-leeren Gassen von Nizza. Außer ein paar Katzen schrecken wir niemanden auf. An Hélènes Rücken gelehnt fühle mich zum ersten Mal so, als gehörte ich selbstverständlich an die Côte d'Azur. Wenige Minuten später stehen wir vor der Villa Angustina. „Merci pour la belle soirée", danke für den schönen Abend, sagt Hélène zum Abschied.

Am nächsten Morgen sage ich zu Hans: „Um echte Südfranzosen zu werden, fehlt uns noch ein Alltagsgegenstand:

ein kleiner Scooter." Hans ist begeistert, er hat ohnehin einen Motorradführerschein, der bislang aber nie zum Einsatz kam. In diesem milden, südfranzösischen Winter können auch fröstelnde Menschen wie ich ganzjährig mit dem Zweirad herumfahren, ohne sich in eine speckige Lederkluft zu schmeißen.

Am höchsten angesehen ist natürlich die original italienische Vespa in Kirschrot mit beigefarbenen Ledersitzen, aber die kostet doppelt so viel wie die stilloseren Nachbauten. Wir entscheiden uns für das Hässliche, das französische Standardmodell MBK. Ich habe nur einen Autoführerschein, aber wie so viele Dinge im Straßenverkehr sehen die Franzosen dies nicht so eng: Der normale PKW-Ausweis gilt auch für den Roller. Praktisch.

Optimistisch gehen Hans und ich am kommenden Montagmorgen in die Stadt. An nahezu jeder Ecke gibt es gebrauchte Roller zu kaufen, neben den monströsen Wing-Maschinen und den kleinen Mofas für durchgedrehte Vorstadtjungs. Wir suchen einen kleinen Frickel-Laden direkt an der Messehalle Acropolis auf. Der einzige Roller in unserer Preisklasse hat schon einige Schrammen und Jahre auf dem Buckel. „Der fährt aber super", versichert uns der Verkäufer. „Ich habe gerade den Kolben ausgewechselt, Eins-a-Ware." Wir erstehen die weiße 125er, die bei unserer ersten Runde seltsam schwächelt. Wenn wir zu zweit draufsitzen, ist sie auch nur so schnell wie die Mofas der durchgedrehten Vorstadtjungs. „Ist doch egal", sage ich zu Hans, „im dichten Verkehr der Côte d'Azur spielt das keine Rolle."

Jetzt muss ich nur noch üben. Denn auch wenn mein Führerschein Rollerfahren mit einschließt, habe ich keine Ahnung, bislang habe ich noch nicht einmal auf dem Beifahrersitz gesessen. „Komm, im Hafen von Beaulieu kannst du ein bisschen üben." Wir brausen auf der Küstenstraße die zehn Kilometer nach Beaulieu. Jetzt, im Frühjahr, ist es dort menschenleer, die Hälfte der Restaurants hat geschlossen. „Ich traue mich nicht, hinterher falle ich um", jammere ich. „Es kann nichts passieren, sobald du etwas Gas gibst, bist du stabil." Mit einem Satz fahre ich an und mache vor Schreck den Motor wieder aus. Nach ein bisschen Rumkurven komme ich mit dem langsamen Fahren zurecht, nur die Geschwindigkeit muss ich noch lernen. „Ich habe Angst, an den Ampeln nicht schnell genug loszukommen. Du weißt doch, wie rasant die Rollermeute immer losheizt. Die Autos werden mich überfahren, sie können ja nicht mit einer Deutschen auf dem Scooter rechnen." Schon bei dem Gedanken an die chaotischen Kreuzungen werde ich panisch. Ich versuche, ordentlich Gas zu geben und mich mental auf das schnelle Anfahren einzustellen.

Ich bin froh, dass es noch frische 15 Grad hat und ich guten Gewissens lange Jeans und Turnschuhe auf dem Roller tragen kann. Südfranzösinnen habe ich schon in hochhackigen Schuhen ihre Vespa rangieren sehen. Nach einer halben Stunde Anfahren, Bremsen und Um-eine-Palme-Lenken werde ich zuversichtlicher. Ha, einen Roller zu bedienen ist gar nicht so schwierig. Ich traue mich schon, langsam nach Hause zu fahren. Wir biegen ein auf die sagenhafte „basse corniche", die Küstenstraße von Villefranche nach Nizza, als gerade die Sonne im Meer versinkt. Vorbei an den alten Burgmauern in Villefranche, den weißen und rosafarbenen Villen mit Meerblick, bevor sich dann hinter einer scharfen Kurve das ganze Nizza-Panorama eröffnet. Jetzt, bei Anbruch der Dunkelheit, entzünden sich die altmodisch-gelben Lampen in den unzähligen Laternen entlang der Meerespromenade und strahlen die Palmen an. Dahinter blinken die Landebahnen des ins Meer gebauten Flughafens rot und blau. Der Fahrtwind lässt meine Hosenbeine schlackern. Ist das schön.

Früher war es vielleicht noch schöner, das meint zumindest Hélène. Da wurden die Hügel mit Salat und Tomaten bepflanzt, da baute man Rosen und Mohn an den Hängen an. Heute sind die Quadratmeterpreise zu hoch für ein paar Kilo Gemüse, zumindest wenn die konkurrierende Salatgurke auf Holzwolle in Spanien wächst.

„Nizza gehört nicht mehr uns", sagt Hélène. Sie meint diesen Satz gerade nicht ausländerfeindlich. „Die Côte d'Azur wäre der schönste Platz der Welt, wenn nicht so viele Rechtsradikale hier sitzen würden", sagt sie, und ihre Stimme wird immer ärgerlicher. An diesem Wandermorgen – wir sind bei lausigen vier Grad im Hinterland losgelaufen – ist sie schon auf den ersten Metern in Fahrt. Hélène ist in Nizza aufgewachsen und hat, so sagt sie, ihre Teenagerjahre auf der Straße verbracht. Eine durchschnittliche Jugend an der Côte d'Azur. Sie hat mit Freunden rumgehangen und mit ihnen tagsüber auf dem begrünten Dach des Parkhauses in der Altstadt gesessen, sie haben Touristen beobachtet und ihren Sinn im Leben gesucht.

Heute arbeitet Hélène noch immer auf der Straße, mit Leuten, die ihren Lebenssinn einmal verloren haben, mit Obdachlosen oder Familien, die ihre Kinder nicht ausreichend mit Liebe, Essen oder Obhut versorgen. „Von denen gibt es hier eine ganze Menge. Abseits der Küstenstraßen wohnen viele Familien in Sozialwohnungen, vor allem Migranten. Hast du schon einmal schwarze Menschen in den Innenstädten an der Küste gesehen?" Ich schüttele den Kopf. „Siehst du."

„Aber abgesehen davon: Die Menschen hier sind einfach schwierig." Wir stapfen weiter durch den Schnee. Hélènes Bemerkung über die nervigen Niçoiser ist typisch. Irgendwie scheinen alle Südfranzosen misstrauisch gegenüber dem Rest der Bevölkerung zu sein, obwohl sie ja selbst dazugehören. Die Maklerin Sophie sagt, die Wohnungen seien zwar toll hier, aber die Kunden besonders mäkelig. Eine Frau am Bahnhof aus dem nördlichen Straßburg reist wegen der Sonne nach Nizza, ich stehe mit ihr in der Ticketschlange. „Die Menschen im Norden sind doch viel sympathischer, nicht so oberflächlich", sagt sie ungefragt zu mir. „Les gens d'ici sont pas sympa" („die Menschen hier sind nicht nett"), so hören wir häufig, aber nur von Franzosen. Gleichzeitig empfangen sie uns immer sehr offen und trinken mit Personen, über die sie gerade noch gelästert haben, umstandslos einen Kaffee. Vielleicht meckern sie auch ganz gerne. Häufig wählen Franzosen harsche Worte, rudern dann aber wieder zurück und sind letztendlich ganz entspannt.

Ich glaube, sie gucken auch ein wenig melancholisch auf die Zeit zurück, als ihnen der Küstenstreifen am Mittelmeer noch allein gehörte und nicht von blassen Nordeuropäern wie mir und schwerreichen Osteuropäern wie den russischen Villenkäufern bevölkert war. Vielleicht fühlt es sich auch komisch an, in einer Stadt voller Touristen aufzuwachsen. „Als Kind ist es seltsam, wenn plötzlich Chinesen vor deiner Schule stehen und sie fotografieren", sagt Hélène. „Irgendwie hatte ich schon das Gefühl, auserwählt zu sein. Aber nur theoretisch, denn gleichzeitig empfand ich mein Leben gerade als Jugendliche als nicht besonders toll. Ist wohl auch das Alter."

Südfranzosen mögen über ihre Mitmenschen jammern, auf ihre Heimat lassen sie aber nichts kommen. „Es ist schöner hier als bei euch, nicht wahr?", fragen sie häufig. Ein Satz, den ich schon aus Höflichkeit bejahen muss. Einmal wanderten wir in den Bergen, und ein Hirte trieb uns seine Kühe entgegen. „So tolle Kühe habt ihr bestimmt nicht", sagte er stolz. Gerne fragen sie auch, welches Wetter gerade in Bochum herrscht (meist zwischen 12 und 16 Grad mit auffrischendem Wind aus allen Richtungen) und wie weit das

Meer entfernt sei (150 Kilometer westwärts). Die Lebensqualität, sagt unsere Maklerin Sophie immer trocken und selbstverständlich, brauche man ja gar nicht erst zu vergleichen.

Mit der rechten Einstellung hat Hélène allerdings auch recht. Neben Paris ist kein Fleck Frankreichs so international wie die Côte d'Azur, aber nirgendwo sonst wird der Front National so häufig gewählt wie hier. Die politische Landkarte von Frankreich besitzt in der Region ihren dunkelsten Fleck. Hier bekommt Marine Le Pen, die Parteivorsitzende des Front National, im ersten Wahlgang der Präsidentschaftswahlen häufig zwischen dreißig und vierzig Prozent, einige Rathäuser werden vom FN regiert. Persönlich ist mir noch kein FN-Wähler begegnet, wahrscheinlich würde er oder sie es auch vor mir, einer Ausländerin, nicht zugeben.

Vor allem Bewohner von idyllischen Dörfern im Hinterland wählen rechts. Nicht aus Verzweiflung: Die Arbeitslosigkeit liegt unter vier Prozent, die meisten Menschen wohnen in ihrem Eigenheim und verdienen mehr als die Bürger im restlichen Frankreich. „Wie kann das sein?", frage ich Hans, als wir eines Tages mit unserem Fahrrad durch eine dieser FN-Hochburgen fahren. „Die haben doch hier alles. Warum wählen sie eine Protestpartei?" Die provenzalischen Häuser sind gepflegt, meist von mannshohen Kirschlorbeerhecken umgeben. Wir fahren an einer Grundschule vorbei, Eltern warten in ausladenden Landrovern und stattlichen Familienschlitten auf ihren Nachwuchs. Ich mustere sie, kann aber nichts Verräterisches erkennen. Sie herzen ihre Kinder, im Kofferraum stapeln sich Saftpakete und Babywindeln. Ob auch sie ihre Stimme dem Front National mit seinen Forderungen nach der Todesstrafe, null Migration und Arbeitsplätzen für Franzosen verliehen haben? Und wenn ja, warum?

„Sie haben Angst um ihren Lebensstandard", sagt Hélène dazu. Die Familienpapis und -mamis hätten Sorge um ihre Idylle. „Aber es bedroht sie doch nichts und niemand", entgegne ich, „das ist doch absurd." „Ist doch egal, es reicht ein Gefühl." Tatsächlich gehen die Bürgermeister der Côte d'Azur immer mal wieder mit einer diffus verbreiteten Angst auf Stimmenfang.

Nizzas Rathauschef habe ich schon einmal gesehen, beim Neujahrsempfang des Journalistenclubs. In dem Verein sind vierzig Journalisten und mehr als achtzig PR-Leute versammelt – eine Mischung, die in Deutschland undenkbar wäre. Schließlich sind Zeitungsschreiber auch dazu da, den allgegenwärtigen PR-Sprech auseinanderzunehmen. Meine südfranzösischen Kolleginnen und Kollegen nehmen mich an meinem ersten Abend freundlich auf. „Schreibst du auch für die *Nice Matin*?", fragen sie mich. „Nein, ich schreibe für deutsche Zeitungen." „Toll, wir haben auch eine holländische und eine schwedische Journalistin bei uns", sagt Clubchef Claude zu mir. „Über Südfrankreich wird viel zu wenig berichtet, dabei ist das hier doch eine Drehscheibe zwischen allen Mittelmeerstaaten. Gut, wenn du hier bleibst." Ich vermeide langwierige Erklärungen, dass ich eigentlich nur für begrenzte Zeit hier bin, und freue mich über das Kollegengespräch. Der Empfang ist unerwartet edel, uns werden feine Häppchen und Gläser mit Wein und Champagner gereicht. Die Laudatio hält der Bürgermeister, der ein paar freundliche Worte über die Wichtigkeit der freien Presse für die Politik verliert. Der Mann in dem schwarzen Anzug ist eloquent, nach seiner Rede wird er hofiert wie ein kleiner König.

Wenige Tage später sehe ich den Konservativen schon zum zweiten Mal in diesem Monat. Ich schreibe über die Eiskunstweltmeisterschaften in Nizza. Nicht gerade mein Spezialgebiet, auch finde ich den Eissport im heißen Nizza ähnlich bizarr wie die Fußball-WM im wüstenähnlichen Katar. Aber die Show ist toll, und je länger ich zuschaue, desto eindrucksvoller wird der Sport für mich. Eiskunstläufer aus aller Welt drehen ihre Pirouetten, sie schmeißen ihre Partnerinnen hoch in die Luft zum schwierigen dreifachen Axel und vierfachen Wurf-Lutz. Kameramänner hängen über der Balustrade, um die Spitzensportler in ihren Glitzerkostümen bei ihren halsbrecherischen Kunststücken zu knipsen. Nizzas Bürgermeister spricht ein paar nette Worte zur Eröffnung. Wie immer trägt er einen perfekt sitzenden dunkelblauen Anzug, seine schwarzen Haare sind sorgfältig zu einer kleinen Stirntolle zurückgelegt. Kurz zeigt er sich auf der Ehrentribüne und verlässt dann den Saal. Draußen wartet eine schwarze Limousine mit Chauffeur. Der Fahrer trägt weiße Handschuhe und hält ihm mit leicht gebeugtem Rücken die Tür auf.

Am nächsten Tag herrscht große Aufregung im Presseraum der Eissporthalle. Die Stimmen meiner Kollegen überschlagen sich, vor allem die Fotografen sind aufgebracht. „Was ist denn los?", frage ich einen Journalisten der *Nice Matin*, den ich vom Presseclub kenne. „Der Bürgermeister hat sich bei unserem Chefredakteur beschwert, dass er nicht auf den Fotos der Sportseiten abgebildet ist." „Im Ernst?" „Leider ja." „Aber das ist ja in etwa so, als würde Angela Merkel die *Süddeutsche* anrufen, um auf der Titelseite vom Fußball-Magazin zur WM zu posieren!" Bei einem kleinen schwarzen Kaffee aus Plastikbechern amüsieren wir uns über die Mediengeilheit mancher Menschen: Politiker, die sich vor die Linse drängen oder die Fotos noch einmal begutachten wollen, bevor sie in den Druck gehen. Meistens hilft es, ihnen gut zuzureden und ihren gelungenen Gesichtsausdruck zu loben. Der Nizza-Boss scheint aber ein besonders schwerer Fall zu sein. „Ich hoffe, unser Chefredakteur konnte ihn beruhigen", sagt der Kollege. Am nächsten Morgen kaufe ich mir schon auf dem Weg zur Eissporthalle die *Nice Matin*. Prominent ist der Bürgermeister auf einem Aufmacherfoto zu sehen, wie er gerade dem Siegerpaar zuklatscht, das in der Unterzeile beschrieben wird. Auf das Foto passten die beiden Chinesen offenbar nicht mehr. Nach den Tagen in der Eissporthalle vermisse ich es, im Team zu wirken. Da hilft auch der Blick aufs Meer nicht. Am liebsten möchte ich draußen und mit anderen Menschen zusammen arbeiten. Als ich mit Hans abends durch die Altstadt laufe, sehe ich sie: die Rikschas, die seit einigen Wochen durch Nizza fahren und Touristen und alte Damen und Herren transportieren. „Das möchte ich machen", sage ich. In der Sonne und noch dazu in Südfrankreich Rad zu fahren und damit Geld zu verdienen erscheint mir wie ein Traum.

Am nächsten Tag schreibe ich eine ausführliche Bewerbung per E-Mail an Pierre von „Cyclonaute". Zehn Minuten später ruft er mich an. „Komm doch einfach mal vorbei", lädt er mich in seine Fahrradwerkstatt im Norden von Nizza ein. Eine Stunde später sitze ich mit Pierre inmitten von Fahrradreifen, Kettenöl und Stadtplänen. „Das ist hier nur ein Nebenjob, kein Karrierestart", sagt Pierre etwas amüsiert. Offenbar war meine drei Seiten lange Bewerbung mit Anschreiben und Lebenslauf unangemessen. Peinlich. „Wir vergeben hier die Jobs ganz easy, nach einem persönlichen Gespräch. Du hättest einfach vorbeikommen können." Pierre grinst: „Wir sind ja nicht in Deutschland." Ich fühle mich wie eine Streberin, die vor dem Lehrer aufgeregt mit ihrem Finger schnipst. „Äh, pardon, wusste ich ja nicht." „Macht ja nix. Du sprichst viele Sprachen, und ich habe eh zu wenige Frauen im Team, kannst also gerne bei uns anfangen." Ich bin begeistert. Pierre ist etwas jünger als ich, aber neben seinem Büro liegt sein wenige Monate altes Baby in einem Laufstall und gluckst. Franzosen sind auch mit ihren Kindern entspannter.

Die Rikscha hat hinten zwei Sitzplätze und einen kleinen Motor, der das Trampeln erleichtert. Ich drehe eine Proberunde mit Pierre als Gast hinten drin, er ist zufrieden. „Na dann, viel Spaß!" Pierre drückt mir vier Blätter mit der Geschichte von Nizza und einen Stadtplan in die Hand. Ich fahre die Einkaufsstraße hinunter und schlängele mich an Passanten vorbei. Die Cyclonautes stehen am Platz Masséna, zentral zwischen Altstadt und der Shoppingmeile hoch zum Bahnhof gelegen. Vor wenigen Jahren noch fuhren hier Autos in einem dreispurigen Kreisverkehr, heute pendelt hier die Straßenbahn.

Ich bin mit Abstand die Älteste unter den Radlern, die meisten sind gerade zwanzig Jahre alt geworden und verdienen sich hier ihr Studium. „Was studierst du?", fragen sie mich. „Ich arbeite schon, als Journalistin." „Für die *Nice Matin*?", fragt Pascal. Alle Franzosen fragen mich das. Die Zeitung ist omnipräsent. „Nein, für deutsche Zeitungen." Pascal ist zufrieden.

Ich mag es, auf dem Masséna zu stehen und die Touristenströme zu beobachten. Viele Millionen kommen jedes Jahr an die Côte d'Azur, und schnell finde ich ihre typischen Eigenarten heraus. Wenn sie bei mir auf der Rückbank sitzen, sind dreißig oder sechzig Minuten eine lange Zeit. Arabische Männer beispielsweise wollen nicht bei einer Frau mitfahren und wählen immer meine Kollegen. Ein echtes Problem: Wer am längsten auf dem Platz wartet, darf auch als Erster die Klienten nehmen, die Reihenfolge ist also festgelegt. „Sie können bei meiner Kollegin mitfahren", sagt Pascal zu einem Mann mit Turban, der nicht auf meine Ansprache antwortete. „Das geht nicht", sagt dieser, „sie ist eine Frau." „Doch, das geht", sagt Pascal nur. Tatsächlich steigt der Mann dann doch bei mir ein, vermeidet es aber, mich anzusehen. Ich fahre ihn nur wenige hundert Meter weit zum Negresco, dem teuersten Hotel der Stadt. Zum Abschied legt er mir zwanzig Euro auf den Rücksitz, viel zu viel. Lieber hätte ich von ihm die exakte Summe erhalten.

Deutsche Gäste freuen sich darüber, an eine Deutsche geraten zu sein, und ich freue mich auch über meine gesprächigen Landsleute. Sie stellen die meisten Fragen. „Welchen Weg nehmen Sie denn genau?", wollen sie wissen, und ob die einstündige Fahrt wirklich sechzig Minuten dauere. „Meistens sogar noch ein paar Minuten länger!" Und dann steigen sie meistens zufrieden ein. Deutsche Urlauber zahlen meist schon, bevor ich in die Pedale treten kann, sie sind sehr korrekt.

Mit Indern habe ich immer Pech. Ich bin wohl an die traditionellen geraten, die in mir eine niedere Frau sehen. Rikschafahrer, erklärt mir nach einigen Monaten eine junge und sehr sympathische Inderin, gehörten in ihrer Heimat zu der untersten Kaste. „Sie sind untouchable", sagt sie, und gleich fühle ich mich ein wenig schlechter. Zum Abschied drückt sie mir das Geld herzlich direkt in die Hand. Ich freue mich über ihre solidarische Geste. Viele Inder legen das Geld auf die Rückbank, um einen direkten Kontakt zu vermeiden. Sprechen wollen sie auch nicht mit mir. Sobald ich den Mund aufmache, um die verschiedenen Plastiken auf dem Platz Masséna und ihre Ausrichtung zu allen Kontinenten hin zu erklären, winken sie nur ab. Manchmal bin ich ganz dankbar für diese Sprechpausen.

Russische Kunden entsprechen häufig dem Klischee, das ich immer als übertrieben zurückgewiesen hatte. Sie strotzen vor Reichtum. Meist besteigt ein Russe mit Rolex und seiner mageren Frau die Rikscha. Zu ihren Füßen verstauen sie ihre Taschen aus den nahe gelegenen Boutiquen von Louis Vuitton und Chanel, und ich bringe sie oft nur wenige hundert Meter weit zu einem der Luxushotels an der Promenade. Sie wollen nichts über die Geschichte von Nizza hören, und so sind es immer stumme Fahrten. Trinkgeld gibt's nur selten.

Schweizer hingegen sind sehr großzügig und meistens freundlich, sie sind meine Lieblingskunden und immer ganz begeistert von den „hohen Palmen" und dem „schönen Meer".

Jeden Tag genieße ich meinen Job mehr. Ich fahre zu den schönsten Ecken von Nizza und dutzendfach an der Meerespromenade entlang. Am Schlosshügel vorbei, auf dem bis zum 17. Jahrhundert die Altstadt von Nizza thronte, um sich gegen die ständigen Angriffe aus Italien zu wehren. Weiter geht die Tour über die Hafenspitze zu den Yachten. Kurz darauf passieren wir das kolossale Kriegerdenkmal, das mir immer unangenehm ist. Die Stadt erinnert in einer marmornen Grotte an die Tausenden gefallener Bürger, die im Ersten und Zweiten Weltkrieg ihr Leben verloren haben. „Du kannst ja nichts dafür", sagt ein Engländer einmal, als er vom Rücksitz aus meine Befangenheit sieht. „You can relax." Nett von ihm, aber die vielen Denkmäler in Südfrankreich erschrecken mich immer wieder. In vielen Dörfern tragen die zehn oder zwanzig oder sogar dreißig gefallenen Männer nur zwei oder drei verschiedene Nachnamen. Ganze Familien haben ihr Leben in sinnlosen Kämpfen verloren. Die Marmorplatte am Hafen etwa betrauert Stéphane Dubois, François Dubois, Thimotey Dubois und Serge Dubois, gestorben zwischen 1943 und 1944. Eine Familie hingerichtet.

„Let's look on the bright side of life", sagt der Engländer in meiner Rikscha und zeigt in Richtung Hafen. Der wird gerade umgebaut. Der grau asphaltierte Parkplatz an der Spitze weicht einem grünen Park für Fußgänger, die Autos werden unterirdisch quasi im Wasser stationiert. Immer mal wieder wollte Nizza eine kurze Verbindungsbrücke zwischen dem Pier und der gegenüberliegenden Seite mit ihren Cafés und Restaurants schaffen, aber das war dann doch zu teuer. Die ständig fahrenden Korsika-Fähren, große Schiffe mit rund 3000 Passagieren, hätten eine Zugbrücke erforderlich gemacht.

Die meisten Kunden wollen dann wieder über den Platz Garibaldi zurück in die Altstadt. Schließlich ist sie autofrei und meine Rikscha die einzige Möglichkeit, durch die engen Gassen, an Seifen, Gewürzen und Socca vorbei, kutschiert zu werden. Wir passieren die Kirche Saint Réparate mit ihrer mosaikgedeckten Turmspitze und einer Gipsfigur mit Engelsflügeln im Gesims. Der Legende nach ist Saint Réparate der Schutzheilige der Stadt. Bei einem großen Unwetter wurde er aufs Meer getrieben, und nur die Engel haben ihn wieder sicher an Land bringen können. Deshalb heißt die Bucht auch „baie des anges" – Engelsbucht.

Häufig passiert in der Rikscha etwas Erstaunliches. Einzelpersonen fangen an, aus ihrem Leben zu erzählen, und zwar ganz private Dinge. Vielleicht liegt es daran, dass ich mit dem Rücken zu ihnen sitze und sie sich so anonym wie in einem Beichtstuhl fühlen. Während der Fahrt sind wir zwei Fremde auf engstem Raum, die sich wahrscheinlich nie wiedersehen werden und doch einige Zeit zusammen verbringen.

Eine sehr elegante Dame steigt ein, sie ist auf einem Pharmakongress in der Acropolis. Sie hat von ihren hochhackigen Schuhen wunde Füße und kann nicht mehr laufen, möchte aber dennoch etwas von der Stadt sehen. Eigentlich habe sie einen Wirkstoff gegen Leberzirrhose entwickelt, erzählt sie, mit dem ihre französische Firma bald ein Vermögen verdienen will. Nun habe aber ohne Absprache ihr Kollege das Produkt vorgestellt, und sie fürchte um ihren Ruf. „Ich bin zu schüchtern", sagt sie. „Was für ein Aufschneider", erwidere ich, aber das hört sie gar nicht mehr.

Sie erzählt, wie sie die Beste in der Klasse gewesen sei, aber irgendwie habe das niemand geschätzt. In Chemie sei sie schon immer sehr „kompetent" gewesen, gerade deshalb habe sie was anderes machen wollen, etwas Künstlerisches. „Und dann kam die Pharmafirma auf mich zu und hat mir als Studentin schon viel Geld angeboten, ich war schwer beeindruckt." Es sei ein schwieriges Geschäft mit den Hoffnungen der Kranken, sagt sie, aber sie glaube an den Fortschritt und bleibe bei ihrem Job. „Ich bin nicht unbedingt sympathisch" ist ihr letzter Satz und sie drückt mir fünf Euro Trinkgeld in die Hand, den Tagesrekord.

Ein Niçoiser, der bestimmt schon über achtzig ist, fährt einmal in der Woche mit mir. Er ist großer Literaturfan und erzählt mir viel über Thomas Mann und Erzähltechniken und deutsche Autoren und wieso er sie so gerne liest. „Ah, ihr habt so großartige Autoren", sagt er, aber auch er möchte mein Urteil nicht hören. Deutsch spricht er nicht, außer dem obligatorischen Wort „Achtung". In alten Kriegsfilmen sagten die deutschen Wärter immer ein zackiges „Achtung". Deshalb kennen alle Franzosen ausgerechnet dieses eine Wort. Sie sprechen es mit einem langen „A" und einem gebellten „ung", es hört sich wirklich soldatisch an.

Einmal kommt ein Engländer schon beim Einsteigen in meine Rikscha zur Sache. „Meine Freundin sollte eigentlich mit an die Côte d'Azur kommen, wir wollten hier unsere Beziehung retten." Daraus sei aber nichts geworden. „Tja, jetzt bin ich alleine hier und muss mich selbst retten", sagt er. Sie hätten sich nur noch gestritten, um das zu fettige Frühstück, die langweiligen Abende beim Fernsehen, das Haus, das renoviert werden sollte. „Ich verstehe nicht, wie nach zwanzig Jahren so wenig übrig bleiben kann." Und ich höre ihn immer wieder „twenty years, twenty years" in verschiedenen

Intonationen murmeln. Am Anfang hatte ich die persönlichen Geschichten meiner Mitfahrer noch kommentiert, aber schnell merkte ich, dass sie mir gar nicht zuhörten. Ihnen hilft die Zeit auf dem Fahrrad-Gefährt, ihre Gedanken zu sortieren, ein Dialog würde dabei nur stören. Sie wissen, dass sie eine Stunde Zeit haben, um mir ihr Leid zu klagen und ihre Freude zu teilen, und viele tun dies von der ersten bis zur letzten Minute. Dann zücken sie ihr Portemonnaie, sagen noch ein „Merci" und hasten davon. Zweimal in der Woche stelle ich meine Rikscha auf den Masséna, von morgens neun Uhr bis zum Sonnenuntergang. Abends fahren Personen mit, die gerade in der Galerie Lafayette, dem mehrstöckigen Kaufhaus am Platz, ihre Einkäufe machten. Das Kaufhaus ist so etwas wie ein nobles Karstadt. Designer betreiben hier ihre Shops, in der vierten Etage gibt es Bettwäsche von Dior und ein Meter hohe Zitruspressen von Philipp Starck. Einmal probiere ich in meiner Mittagspause in der Parfümerieabteilung eine Gesichtscreme mit Kaviar im blauen Tiegel aus, sie kostet 270 Euro für dreißig Milliliter, angeblich soll Madonna sie benutzen. Sie riecht ganz lecker, und ich streiche sie sorgfältig auf meine Stirn und rund um die Augen. Als ich wieder zu der Rikschagruppe zurückkehre, guckt mich Pascal erstaunt an. „Was hast du denn für Krümel im Gesicht?" „Äh, bestimmt von meinem Sandwich." „Hast du mit der Stirn gegessen?" Pascal schüttelt sich vor Lachen. Ich kratze mir die Cremereste aus dem Gesicht und lache mit.

Früh am Morgen fahren viele Rentner mit, echte Niçoiser, die zu ihrem Arzt oder zur Bank gebracht werden wollen. Den Taxifahrern misstrauen sie, steigen lieber mit wackeligen Knien in meine Droschke. Ich schiebe ihnen dann einen kleinen Hocker unter die Füße, aber manchmal habe ich das Gefühl, sie fast in die Rikscha hineinzutragen. „Taxi fahren hier ja so selten", sagt Louise einmal entschuldigend, eine liebenswerte Stammkundin.

Louise fährt zwei Mal in der Woche von ihrer Wohnung in Bahnhofsnähe zum zwei Kilometer entfernten Hafen, um dort mit ihrer ebenso alten Schwester einen Rotwein zu trinken. Neunzig Minuten später hole ich sie wieder ab. Ihren Mann hat sie vor zwei Jahren verloren, aber „am Ende war er auch viel Arbeit". Sie ist in Nizza geboren und lebt heute lieber in der Stadt. „Früher rannten in der Altstadt nachts Ratten und Ganoven herum", erzählt Louise. „In den Achtzigerjahren waren die Gassen zugemüllt, und ich habe mich nach 20 Uhr nicht mehr in die Seitenstraßen hineingetraut." „Und was haben die Touristen gemacht?" „Die waren damals nur tagsüber in der Altstadt und abends in den Restaurants an der Strandpromenade. Es hat sich viel geändert."

Ende März ist mein Geburtstag. Beim letzten Mal haben meine Freundinnen und Freunde von unserem Balkon in Bochum aus Schneebälle an die gegenüberliegende Garage geworfen. In Nizza ist es warm, ich sitze im Top auf unserem Balkon und schmiere mir für meine Rikscha-Fahrten Sonnencreme auf die Arme. Wo ich wohl die kommenden Jahre meinen Geburtstag feiere? Wahrscheinlich wieder mit Schneebällen, aber langsam schleicht sich ein leiser Zweifel ein. Was, wenn wir hier glücklicher leben? Als ich ein paar Stunden später mit meinem Rikscha-Team anstoße, rückt das Leben an der Côte d'Azur immer näher, mit jedem Schluck werde ich sicherer, fürs Auswandern geschaffen zu sein. „Vielleicht bleiben wir ganz hier", sage ich leichthin zu Pierre, und er nickt verständnisvoll.

Später stehe ich mit Hans auf dem Balkon, wir bewundern den Sonnenuntergang. Fast jeden Abend färbt sich der Himmel rot. Besonders wenn Schleierwolken sich zu rosa

Watte verwandeln, ist es majestätisch. Ich werde sentimental und vermisse Freunde und Familie in Deutschland und schiebe meine Ausreißerfantasie auf eine Geburtstagslaune. Vorerst wenigstens.

April

Zwischen Fréjus im Westen und Menton im Osten schlängeln sich einige dutzend Kilometer lange Klippenwege an der Küste. Für mich gibt es kaum einen schöneren Spaziergang. Wenige Meter von unserer Wohnung entfernt beginnt einer dieser Wege, „chemin littoral" genannt. Im April wirken die hellen Steine an der Côte d'Azur wie ein Backofen, es ist angenehm warm. Frühmorgens stehen dort Angler, meist grummelige ältere Männer mit Kappen auf dem Kopf, Angler halt. Nur tragen sie in Nizza nicht Gummistiefel und Daunenjacke, sondern Flipflops und fleckige T-Shirts. Was es denn zu fangen gebe, frage ich einen grauhaarigen Herrn, der gerade einen zappeligen Wurm aufspießt. „Seewölfe und Sardinen." Es sei wichtig, weit von den Yachthäfen entfernt zu angeln. „Die Bootsbesitzer kippen ihren ganzen Mist über Bord." „Das ist ja ganz und gar nicht umweltfreundlich", erwidere ich entrüstet. „Je m'en fous", sagt der Mann („ist mir doch scheißegal"), „aber die Fische fressen lieber die weggeschmissenen Menüreste als meine Würmer. Die sind total verwöhnt hier, die Fische." Verwöhnte Fische, die kann es auch nur an der Côte d'Azur geben.

Die Klippenwanderung führt von Nizza nach Villefranche-sur-Mer. Sie beginnt am Coco Beach, dem Strand unterhalb vom Mont Boron. Im gleichnamigen Restaurant sollen im Sommer Stars und Sternchen Fische verputzen. 1936 hat die Familie Coco hier ihr Lokal eröffnet, mitten in den Fels hinein. Damals kamen eher die stationierten Soldaten, später dann soll Picasso hier in seine Geburtstage reingefeiert haben und auch der Maler Jean Cocteau, der ja ohnehin ein Faible für Meerestiere hatte.

Mein Großvater hatte uns bei seinem Nizza-Besuch einmal alle ins Coco Beach eingeladen. Mit 83 Jahren stapfte er die Treppen in Nizza rauf und runter, mittags noch hatte er mit uns allen glücklich auf dem Steinstrand gesessen. Er blühte richtig auf. Abends sollte es fein werden. „Hauptsache, wir sitzen schön", sagte er. Wer das Restaurant betritt, fühlt sich nicht nur wegen des sagenhaften Blicks über das Meer und die gesamte Nizza-Bucht wie auf einem Schiff. Die holzvertäfelte Einrichtung erinnert an eine Kombüse. Pierre Quirino Cauvin, der Besitzer, kommt sofort an unseren Tisch mit einer Platte voll frischen Fischs: Rote, silbrige, flache und kugelige Tiere liegen vor uns auf dem Eisbett, und wir können wählen, welcher davon für uns gegrillt werden soll. Bezahlt wird hinterher pro Gramm. Jeder Gast bekommt ein rotes Lätzchen umgebunden, und schon das hebt die Stimmung. Mein Großvater fand seine Dorade hinterher „pupstrocken", aber der ist auch schon in den 1980ern auf Segelbooten durch die Karibik gefahren und vergleicht deshalb jedes Gericht mit fangfrischen karibischen Langusten. Mein Rotbarsch war jedenfalls lecker, aber es stimmt, dass die fünfzig Euro pro Kopf viel sind.

Das Restaurant war einen Versuch wert. Gehen wir sonst mal aus, dann immer in der Altstadt. Hans' Kollegen nehmen uns ab und zu mit auf eine Pizza oder ein niçoiser Menü, und wir sind dankbar, von ihnen so leicht in ihre Runde aufgenommen zu werden. In der Fremde ist eine Frage wie „Habt ihr auch Lust, wir gehen nachher noch was in der Altstadt trinken?" Gold wert. Es bedeutet, dass sich überhaupt irgendeiner, sechzehn Zugstunden von der alten Heimat entfernt, um uns schert und Zeit mit uns verbringen möchte. Was nicht selbstverständlich ist.

Natürlich tasten wir uns in den Gesprächen mit neuen Bekannten erst einmal vorsichtig ab, vor allem, weil die Wissenschaftler und ihre Freunde aus allen Ecken der Welt kommen. Dann geht es um Themen wie: wie scharf die indischen Restaurants in Deutschland kochen, welche Biersorte wir mögen, ob wir schon mal auf dem Oktoberfest waren, ob in Chile auch Palmen wachsen, dass in Berlin szenemäßig eine Menge abgeht, warum Berlusconi so durchgedreht ist und ob die Gehälter in Washington höher sind.

Häufig essen wir aber auch unser selbstgeschmiertes Sandwich am Felsstrand Coco Beach, bevor wir den wilden Weg nach Villefranche-sur-Mer nehmen. Es müssen nur einige Stufen und zwischendurch einige hundert Meter Straße überwunden werden, bevor der Weg dann weit unterhalb der Küstenstraße durch Massen mediterraner Schlingpflanzen führt. Ab und zu trete ich auf einen Thymianbusch oder auf Rosmarinäste, es duftet wunderbar. Der Pfad ist direkt in den Fels gehauen und verläuft knapp über dem Meer, mal über steinerne Treppenstufen, dann wieder zwischen Affenbrotbäumen und Agaven hindurch. Wenn im Frühjahr und Herbst große Wellen heranrollen, ist der Weg unpassierbar, einmal ist sogar eine Joggerin ins Meer gerissen worden und ertrunken, noch heute erinnert ein Grabstein im Fels an sie. Dank der Naturnähe aber versperren keine Villen den Weg – sie sind alle knapp oberhalb angesiedelt, zwischen dem „sentier littoral" und der Straße.

Die französischen Küsten werden seit knapp dreißig Jahren von dem „loi littoral" geschützt. Das hat die Strände und Meeresorte davor bewahrt, wie das spanische Benidorm zu werden: eine Hochhaussiedlung für Pauschaltouristen. Dem Gesetz nach gehören die letzten Meter am Meer den Bürgerinnen und Bürgern. Das ist toll, auch wenn auf der Millionärsinsel Seant-Jean-Cap-Ferrat, einer Landzunge direkt bei Villefranche, nur noch ein knapper Felsmeter für die Wanderer reserviert ist. Hinter den schmiedeeisernen Zäunen, den meterhohen Buchshecken und vanillegelben

Mauern sind Tausende Quadratmeter von Villengrundstücken belegt. Aber immerhin, die Halbinsel kann zu Fuß umrundet werden.

Am 10. April gehen wir zum ersten Mal in Villefranche ins Meer. Am 10. April! Ich habe das Datum extra in meinem Kalender notiert, weil es so unglaublich klingt. Das Wasser ist etwa so kalt wie die Ostsee im Hochsommer, rund 19 Grad. Villefranche hat als fast einzige Stadt an der Côte d'Azur einen Sandstrand und ein relativ flaches Ufer zu bieten, deshalb fahren hier auch viele Familien mit ihren Kleinkindern hin. Wie in einem Amphitheater türmen sich die Berge hinter der Bucht auf, sie sind so steil, dass praktisch jeder Bewohner und jede Bewohnerin auf das Meer und den weit gebogenen Horizont blicken kann. Wer hoch genug wohnt, kann im Osten Monaco und die italienischen Grenzdörfer sehen, im Westen bis nach Cannes und zu dem rot schimmernden Esterelgebirge. Villefranche hat außer ein paar Restaurants direkt am Wasser noch immer eine nette kleine Altstadt, der Ort ist beschaulich und wahrscheinlich nur halb so laut wie Nizza. Dafür aber auch doppelt so teuer. Kurz nach meinem Badeerlebnis feiert Madonna hier einen Geburtstag. Madonna hat für ihre Geburtstagsfeier die Villa Schiffanoia für 100 000 Euro in der Woche gemietet.

Und sie ist nicht die Einzige. Elton John, Tina Turner und Bono können Madonnas Jubiläumsknaller von ihren eigenen Villen aus live verfolgen. Die Pop-Oldies gehen hier öffentlich baden, offenbar lauern ihnen weniger Paparazzi auf als in Hollywood. Vielleicht sind die bei privaten Eskapaden ihrer Promis und Politiker traditionell nachsichtigeren Franzosen auch bei Weltstars zurückhaltender als die Amis. „Das ist ihre Privatsphäre, das ist alles", sagt meine Freundin Hélène, die sich sonst so schnell ereifern kann. „Ist doch egal, was sie in ihrer Freizeit machen."

Madonna also scheint sich hier so sicher zu fühlen wie einst Helmut Kohl mit seiner Sekretärin. Die Sängerin zeigt sich den Touristen mal im Ganzkörper-Neopren auf dem Jet-Ski, dann wieder speist sie mit ihrem Lebensabschnittsgefährten auf einer Restaurantterrasse im benachbarten Nizza oder radelt im weißen Sportdress die Küstenstraße entlang. Trotzdem hat die Ikone einigermaßen ihre Ruhe. Vielleicht, weil ihre Nachbarn selbst Stars oder mehr oder weniger bekannte Manager sind, zumindest vermute ich das angesichts der sagenhaften Immobilienpreise.

Nur die Lokalzeitung *Nice Matin* bringt täglich etwas Neues über die Diva. Die meisten Fotos sind aber so unscharf, dass sie kaum von einem professionellen Paparazzo stammen können. Ich frage den *Nice-Matin*-Reporter Jean-François Roubaud, wieso die Stars hier urlauben. „Hier verfolgt sie keiner." Er sei häufig der einzige Journalist, der über die Urlaube von Menschen wie Sylvester Stallone, Jack Nicholson, Michael Douglas oder Madonna berichte. Dabei schickt das Lokalblatt niemanden auf die Lauer: Roubaud erhält seine Informationen von Immobilienagenturen, Bäckerinnen und Lesern, die dem Medium vor Ort berichten. „Letztendlich ist es hier provinziell", so Roubaud.

Provinziell, aber abartig teuer. Nur wenige Meter entfernt steht die kostspieligste Immobilie der Welt: Die rubinrote Villa Leopolda, in deren Park täglich fünfzig Gärtner Palmen schneiden und Zitronenbäume wässern, wollte der russische Milliardär Mikhael Prokhorov 2008 für rund 500 Millionen Euro erstehen. Wir fahren häufiger mit dem Rad an den Grundstückshecken vorbei, und wegen der zahlreichen Eingänge und hölzernen Brücken, die über die Straßen führen, dachte ich lange Zeit, es handele sich um den Stadtpark von Villefranche. In Wirklichkeit gehörte der Park inklusive zahlreicher Häuser der Milliardärin Lily Safra – bis heute, denn Prokhorov verzichtete in der Finanzkrise schließlich auf den prestigeträchtigen Kauf.

Für Menschen mit alltäglicher Arbeit ist die Ecke allerdings unbewohnbar geworden. Die Halbinsel vor Villefranche, Saint-Jean-Cap-Ferrat, ist zusammen mit dem benachbarten Monaco eines der teuersten Pflaster der Welt. Selbst Einzimmerwohnungen können eine Million Euro kosten. Eines Abends fahren wir mit dem Roller durch die nur funzelig beleuchteten Straßen. „Ich fühle mich wie in einem Agatha-Christie-Film!", schreie ich in Richtung Hans durch den Helm hindurch. „Das ist ja hier völlig absurd", sagt er. „Wie im Kino." Dutzende befrackte Portiers und Sicherheitscrews stehen vor den undurchsichtigen Toren. Ab und zu kreuzt eine dunkle Limousine unseren Weg, niemand ist zu Fuß unterwegs. Die Stimmung ist gespenstisch, wir cruisen durch ein Labyrinth mit drei Meter hohen Hecken. Wer möchte hier leben? Lebt hier überhaupt jemand?

In Cap Ferrat bleiben die Reichen unter sich. Selbst die Festivalstadt Cannes hat ihre armen Viertel, aber auf der Insel mit dem Leuchtturm an der Meeresspitze ist alles abgehoben. In der Bucht ballen sich die Yachten inzwischen so sehr, dass die Stadt als einzige an der Küste ihre Ankerplätze auf dem offenen Wasser vermietet.

Das benachbarte Villefranche ist bunter. Dort gibt es noch kleine Cafés, einen Secondhand-Laden, einen Bahnhof. Noch in den Siebzigerjahren galt die Stadt als verwegener Ort. Dunkle Hafenkneipen und barackige Fischerhäuser säumten die Bucht, die Hänge waren noch nicht bebaut. 1976 nahmen die Rolling Stones im Untergeschoss der „Villa Nellecôte" ihr Album *Exile on Main Street* auf. Laut einem Interview im Magazin *Rolling Stone* habe sie der „schmutzige Keller" an die „letzten Tage von Berlin" im Zweiten Weltkrieg erinnert. Die Nellecôte gibt es immer noch, das Touristenbüro zeichnet sie mit einem dicken Kreuz auf dem Stadtplan ein. Das imposante Eingangstor der Nellecôte und die dahinterliegende Palmenpracht lassen heute allerdings an der rollingstoneschen Genügsamkeit zweifeln: Die Villa, nur rund fünfzig Meter vom Sandstrand entfernt, ist eines der fettesten Anwesen am Fleck.

In Hollywood gibt es Stadtpläne, auf denen die Villen von Julia Roberts & Co. eingetragen sind, in Villefranche bieten Bootsfahrten den Starfaktor. Als meine Freundin Iris zu Besuch ist, buchen wir so eine Tour. „Das ist ja ganz fantastisch, so nah bei den Stars zu wohnen", begeistert sich Iris. Sie hat die *Gala* abonniert und ein Romy-Schneider- und Lex-Barker-Poster in ihrer Wohnung hängen, und irgendwie sieht sie mit ihren pechschwarzen Haaren und der Porzellanhaut selbst wie ein glamouröses Schneewittchen aus. Iris arbeitet erfolgreich am Theater und hat ein Faible für die Scheinwerferwelt. „Das ist doch einfach spannend", sagt sie. „All diese dramatischen Leben."

Der Kapitän unseres Ausflugsbootes hingegen ist weniger mondän als von uns erhofft: Alexandro Delcampo trägt sein Brusthemd weit geöffnet, darunter ist eine Goldkette zu bewundern mit einem gespaltenen Herz in der Mitte. Im Sommer fährt er täglich drei Mal zackig vom Hafen in Nizza rüber nach Villefranche und rattert die Namen der Promis runter ins Mikrofon.

„Da oben, das Haus mit Turm, gehört Elton John", sagt er und zeigt auf die Hügelspitze des Mont Boron. „Und da drüben, an höchster Stelle über Villefranche, da urlaubt Tina Turner." Delcampo zeigt uns die Anwesen der ägyptischen Königsfamilie, von Mick Jagger und Microsoft-Herrscher Bill Gates auf der Halbinsel Cap Ferrat. Der Microsoft-Gründer soll ein rosafarbenes Anwesen mit Aussichtsturm besitzen. „Sind Sie sich denn sicher, dass die Villen noch den Stars gehören?", will Iris von Delcampo wissen. „Mademoiselle, das ist ja letzten Endes nicht so wichtig." Iris nickt zustimmend.

Es ist seltsam, an diesen paradiesischen Orten zu arbeiten. Ich schwanke immer hin und her, ob ich mich als Südfrankreich-Korrespondentin verstehen und noch mehr Reportagen anbieten soll oder mehr Dolce Vita zu machen, schließlich ist dies ein ganz besonderes Jahr. Ich lebe zwischen den Welten und grübele.

Hélène meint, ich solle mir weniger strategische Gedanken machen. „Mach dir darum mal keine Sorgen, bald kommt jeder hier im Alltag an." Die Arbeit sei doch überall gleich schwer.

Vielleicht ist das wahr, und manchmal, wenn ich vor meinem Computer sitze, ist es so ähnlich, als wenn ich in Bochum in die Tasten haue. Die Suche nach Interviewpartnern ist genauso mühselig und die Verhandlungen mit den Kunden können genauso schleppend sein. Aber ich weiß auch, dass Hélène schon immer unter der Südfrankreich-Sonne gelebt hat, für sie ist es alltäglich, hier zu arbeiten. Das Leben an der Côte d'Azur kann auch im Alltag glanzvoller und entspannter sein. Zu Hause habe ich mich immer in die Joggingschuhe gestürzt, wenn sich die Sonne zeigte. Hier scheint sie unaufhörlich zu scheinen, ich kann immer loslaufen und mich mit Freunden auch Anfang März und Ende November zum Picknicken verabreden und am Neujahrsmorgen loswandern. Und mich freuen über die leckeren Dinge im Restaurant, die schönen Märkte, die Franzosen, die so unzuverlässig und dabei so charmant sind.

Jedenfalls meine ich, die Arbeit steht hier weniger im Vordergrund. Im Radio hatte mal ein Historiker eine Begründung dafür parat: „Die Südeuropäer gelten als fauler, weil sie wegen der günstigeren klimatischen Bedingungen weniger um ihr Überleben kämpfen mussten als Finnen oder Schweden. Das hat sich bis heute gehalten." Mir kommt diese Begründung etwas simpel vor. Diese ewigen Neandertaler-Vergleiche, in denen Männer als Jäger und Frauen als Sammlerinnen beschrieben werden, nerven. Aber in einem hat der Historiker recht: Die Südfranzosen arbeiten weniger verbissen. Vielleicht nicht einmal weniger, aber zu unmöglicheren Zeiten (bis spätabends) und auf keinen Fall mittags. Oder mittags nur, wenn es angenehm ist und dabei gegessen werden kann. Hans' Kollegen reservieren immer anderthalb Stunden für ihr Mittagsmenü, bleiben dafür abends aber auch mal bis 20 Uhr am Computer sitzen.

Ich werde jedenfalls nicht so schnell in eine Kantine gehen. Meine Bewerbungen in dem sogenannten Silicon Valley der Côte d'Azur waren erfolglos. Niemand aus Sophia Antipolis hat auf meine Bewerbungen geantwortet, auch nach mehrmaligem Nachfragen nicht, und ich bin mir sicher, ich hätte unbedingt einen Kontakt vor Ort gebraucht, um beachtet zu werden. Wie bei meinem Rikscha-Job hätte ich besser direkt vorbeigehen sollen. „Das läuft hier alles über Kontakte", sagt Hélène. Selbst wer einen Super-Concours besteht, müsse über einige Ecken an Jobs kommen. „So habe ich auch meinen Job bei der Stadt bekommen: Die Tochter einer Freundin meiner Mutter arbeitete da und hat mir ein Vorstellungsgespräch verschafft."

Als kleinen Ausgleich biete ich eine Reportage über Sophia Antipolis an. Über eine Zeitungsgeschichte komme ich doch noch an meinen Wunschort. Ich werde nun von denen, die einen Job ergattert haben, hören, wie es sich hier arbeitet.

Mit dem Bus komme ich in Sophia an. Wer die europäische Denkfabrik in Südfrankreich betritt, sieht erst einmal nur Grün. Grünes Dickicht, grüne Olivenbäume, wuchtige grüne Kastanien. Auf dem 2400 Hektar großen Areal zwischen Antibes und Nizza lassen sich jedes Jahr mehr Hightech-Firmen nieder als irgendwo sonst in Europa. Wer Deutsche mit normal bezahlter Arbeit und nicht nur mit dicker Rente an der Côte d'Azur finden will, muss nach Sophia gehen. Tausende Ingenieure, Tüftler, Mediziner und Werbeagenten arbeiten hier.

Ulrich Schröder ist schon vor mehr als einem Jahrzehnt hier gelandet. Von seinem Arbeitszimmer aus blickt er auf Pinien, und zum Mittagessen gehen er und seine Kollegen auf der Terrasse picknicken. Schröder leitet eine der Universitäten in Sophia Antipolis, auf der Ingenieure ausgebildet werden. „Die Menschen sind hier einfach motivierter und seltener krank", sagt er.

Sophia Antipolis kann sich den Luxus erlauben, Firmen abzuweisen, die nicht ins Konzept passen. So wollten die Konzernriesen Danone und Malongo in Sophia ihren Joghurt und Kaffee produzieren – sie erhielten keine Zulassung. Hier sollen keine Menschen am Fließband stehen, und hier brummen auch keine schweren Maschinen in wuchtigen Produktionshallen. In den Büroräumen surren nur die Computer: Alle Jobs sind Denkaufgaben. Zum Beispiel wird an einem medizinischen Institut die Alzheimerkrankheit erforscht, an einem anderen werden aerodynamische Autokarosserien erdacht. Auch Bildeffekte für Hollywood-Filme werden hier produziert.

Eherne Gesetze schützen den Park bis heute. Die Gebäude müssen niedriger sein als der höchste Baum des Grundstücks. Und so verschwinden die Betonbauten im schlichten und kompakten Stil der 1960er-Jahre gänzlich hinter den südländischen Bäumen. Die Straßen sind breit und durchziehen wie Adern das hügelige Gelände. Eine andere Regel lautet: Keine Kantinen! Weil sich die Wissenschaftler untereinander austauschen sollen, gibt es nur öffentliche Restaurants, die von vielen Firmen gleichzeitig genutzt werden. Ganz hierarchiefrei ist aber auch dieses Konzept nicht. Die weniger vermögenden, meist jungen Mitarbeiter von Startups verspeisen ihr Baguette in kleinen Brasserien, die noblen Restaurants auf den Hügelspitzen sind den leitenden Angestellten vorbehalten.

Die Schulen sind mehrsprachig, auch in den Kindertagesstätten wird englisch unterrichtet. Die nächste Elite-Generation wächst unter sich in der Sonne heran. Aber die Menschen sehen nicht so stramm gestylt aus wie im Pariser Büroviertel La Défense. Mittags joggen unzählige Menschen im farblich abgestimmten Sportdress durch die Grünanlagen, häufig zu zweit oder dritt, und sie plaudern keuchend über ihr nächstes Projekt. Jede größere Firma hat Duschen im Keller installiert, damit die Angestellten nach der kleinen Sporteinlage wieder wohlriechend am Schreibtisch sitzen. Als der Chemieriese Dow Chemical hier in den Süden zog, hat er innerhalb weniger Monate dreißig Prozent Umsatz dazugewonnen.

„Ich habe mir das südländische Leben schon relaxter vorgestellt", sagt Albane Martiquet, gebürtige Pariserin. Aber weil die Menschen in Sophia Antipolis abends besser entspannen können als in Großstädten, sei die Laune doch deutlich besser. Mit ihrem Freund promotet die 31-Jährige mit langen, braunen Haaren und wachem Blick eine Internetseite, auf der sich Weinliebhaber über alle im Internet angebotenen Flaschen informieren können. Unabhängige und in Frankreich bekannte Tester schreiben dort ihre Kritiken. Ich finde die Idee sympathisch.

Jede Woche kommen ausländische Delegationen nach Sophia, um das erfolgreiche Modell in ihre Heimat zu importieren. Zuletzt waren polnische und slowakische Minister da, die freistehendes Terrain ihrer osteuropäischen Staaten ebenfalls in eine Hightech-Zone umwandeln wollen. Auch Sophia kann noch wachsen – einige Hektar Land sind noch unbebaut. Und Geld ist an der Côte d Azur ohnehin nur ein kleines Problem. Die Fondation überlegt schon länger, ob sie eine kilometerlange Straßenbahn oder doch lieber eine Seilbahn bauen soll, die dann von den Nachbarstädten Nizza und Antibes heranschwebt.

Aber auch in Sophia Antipolis holt die Menschen der Alltag ein. Der deutsche Ulrich Schröder seufzt: „Viele deutsche Kollegen glauben, ich habe hier einen lauen Lenz." „Das glauben meine Kollegen auch immer", sage ich. „Ja, aber meine Kollegen haben ihre Erfahrungen mit französischen Geschäftspartnern gemacht. Deutsche und französische Manager passen nicht gut zusammen." „Ach ja? Aber sie sind doch die jeweils wichtigsten Handelspartner." Schröder wischt meine Bemerkung mit einer ungeduldigen Bewegung beiseite. „Aber im Kern verstehen sie sich nicht. Die Deutschen wollen in Verhandlungen immer sofort zum Punkt kommen. Zack! Bumm!, werden die Forderungen auf den Tisch geknallt. Die Franzosen umkreisen ein Thema lieber diplomatisch, sie wollen erst einmal zusammen ein mehrgängiges Menü essen und Vertrauen aufbauen. Auch deshalb denken Manager aus München oder Hamburg häufig, Franzosen arbeiteten weniger zielstrebig." Schröder schüttelt den Kopf. „Das Arbeitsleben hier im Süden ist keineswegs einfach nur ‚Sex and Sun'. Hier wird auch unglaublich hart gearbeitet." Irgendwie muss er dabei herzlich lachen, und ich stimme mit ein.

Manchmal denke ich, so schön, wie es hier ist, müssten doch eigentlich alle Menschen versuchen, am Mittelmeer zu wohnen. Beseelt von meinem Ausflug komme ich nach Nizza zurück, abends sitzen Hans und ich wieder auf dem Balkon und schauen der Sonne zu, wie sie rot im Meer versinkt. Wir essen noch warmes Baguette und Ziegenkäse und trinken ein Glas Rotwein. Später werden wir nicht genau sagen können, ob es unsere gute Laune war oder eine Eingebung oder einfach nur eine spontane Idee. Aber an diesem sommerlichen Abend beschließen wir, zu heiraten. Mitten in Nizza, im August, in der Sommerhitze. „Es wird schön werden", sagt Hans.

In Deutschland fand ich Heiraten immer spießig und gruselte mich bereits vor Erich-Fried-Gedichten, vorgetragen von einer Standesbeamtin in Gesundheitsschuhen. Aber auf Französisch hat die Eheschließung doch einen ganz anderen Charme. Wir werden nur wenige Trauzeugen einladen und in Deutschland noch einmal nachfeiern, so die Idee. Heiraten in Europa ist ja doch erstaunlich einfach. „Sie benötigen noch den Beweis, dass Sie nicht schon verheiratet sind", sagt die Standesbeamtin mehr zu Hans als zu mir. „Wie soll ich das denn beweisen?", fragt er. Uns schwant schon wieder ein wochenlanger bürokratischer Spießrutenlauf durch die Einwohnermeldeämter des Ruhrgebiets. „Na, Sie schreiben auf ein Blatt Papier, noch ledig zu sein, und unterschreiben das dann", sagt die Dame und zieht ihre Augenbrauen hoch. Mir fällt ein Stein vom Herzen. Dazu benötigen wir lediglich noch unsere internationalen Geburtsurkunden und 60 Euro. Im Niçoiser Rathaus, ein außen schmucker Bau mit innen sehr schnöden Wartesälen, bekommen wir sofort einen Termin für August – dann, wenn die Sonne garantiert scheint und ich nur ein luftiges Kleid brauche.

Mit dem Hochzeitsbuch in der Hand fühle ich mich schon viel französischer. Überhaupt fühlt es sich einfach richtig an. Wir sind nicht die einzigen Ausländer, die hier heiraten. Es herrscht nicht derselbe Andrang wie in Dänemark, aber auf den Lokalseiten der *Nice Matin* sind immer wieder eindeutig ausländische Hochzeitspaare abgebildet. Als später die sozialistische Regierung Homosexuellen zu heiraten erlaubt, wird Nizza das Homo-Mekka. Sehr zum Ärger der lokalen konservativen Regierung, die lautstark gegen dieses Recht ankämpfte. Aber ihre Wut half nicht. Fortan werden auf der samstäglichen Hochzeitsseite der *Nice Matin* auch Jean und Yves, Juliette und Matilde, Serge und Jeremy im Hochzeitskostüm zu sehen sein. Neben Paris gibt es hier die meisten gleichgeschlechtlichen Eheschließungen.

Südfranzosen sind Touristen gewöhnt, und wenn Menschen sich zum ersten Mal begegnen, wird häufig gefragt, ob das Gegenüber im Urlaub sei oder tatsächlich hier wohne. Mit blonden Haaren bin ich sofort als Touristin verdächtig. Die Schaffner sprechen mich auf Englisch an, fliegende Händler bedrängen mich mit ihren Côte-d'Azur-Taschen. Dabei strenge ich mich wirklich an, keinen deutschen Akzent zu haben. Französische Herzen sind über ihre Muttersprache zu erobern, wer sie nicht spricht, kommt im Nachbarland eher schlecht zurecht. Das gilt sogar für eine touristische Region wie das Mittelmeer. Auch hier treten Franzosen häufig so auf, als sei ihre Sprache das Weltidiom. In den Hauptnachrichtensendungen sprechen die Moderatoren von „Mannat*an*" statt Manhattan, von „Detroa" statt Detroit, von den „Bödels" statt der Beatles. Selbst weltläufig englische Begriffe werden französisiert. So heißt das Surfbrett „planche à voile" (wörtlich: „Brett zum Segeln"), Computer nennen sich „ordinateurs".

Ein Fremdwörterbuch gibt es nicht: Franzosen benutzen französische Wörter – oder gar keine. Die Académie Française bewacht von ihren marmornen Hallen in Paris aus die Reinheit der französischen Sprache. Sie ist eine der angesehensten Institutionen Frankreichs. Ihre vierzig Mitglieder werden auch „die Unsterblichen" genannt und auf Lebenszeit ernannt. Wer in der Akademie ist, kann intellektuell nicht höher aufsteigen, er wird verehrt, in Talkshows als Interviewpartner eingeladen, die Bücher erscheinen in hoher Auflage. Ihr Dictionnaire, ein schweres Wörterbuch, ist die Bibel der französischen Sprache.

Der deutschen Dudenredaktion in Berlin-Treptow, vormals Mannheim, widerfährt sicherlich weniger Glanz und Ehre. Die Pariser Kollegen aber sind eine moralische Instanz, die auch für ihren Konservativismus berühmt ist. Sie mag sich nur schwer an Sprachwandlungen gewöhnen. Ein- oder zweimal im Monat verfasst sie Berichte mit Anweisungen an die französische Gemeinde. In der linken Spalte einer Tabelle steht dann, wie etwas heißen MUSS – etwa: „en plein air" –, und rechts, wie es nicht heißen DARF – „outdoor" in diesem Fall. Nicht erlaubt sind „timing" und „mail", zulässig sind dafür „le bon moment" und „le courriel". „Deadline", „business", „burnout", „coach", „easy listening" und „best of" sind tabu. Superlative wie „super", „hyper", „mega" sind verpönt, stattdessen, so fordert die Akademie, sollten die Franzosen „très bien" sagen, oder „excellent". Seit mehr als 400 Jahren verficht die Akademie das Hochfranzösisch. Wie lange sie noch gegen die täglichen Anglizismen erfolgreich ankämpfen wird, ist aber fraglich.

Zumindest die französische Aussprache ist nicht in Gefahr, denn die behalten die Franzosen einfach für alle Sprachen bei. Meine englische Freundin Rebecca, eine selbstbewusste Fotografin, sagte bei unserem ersten Treffen, sie komme aus „Plimutt". „Wo ist das denn, habe ich noch nie gehört?" „Well, das ist ein gar nicht so kleiner Ort an der Südküste Englands", sagte Rebecca etwas verstört, aber britisch höflich. Wir kannten uns erst einige Stunden, sie fotografierte meine Interviewpartner auf einer Messe in Cannes und dachte wahrscheinlich, ich sei eine geografische Niete. Schließlich begriff ich – Rebecca kam aus Plymouth und hatte sich nach elf Jahren Côte d'Azur schon an den französischen Akzent gewöhnt, um verstanden zu werden. „Du musst dich ihnen anpassen, sonst stellen sie auf stur", sagt Rebecca. Franzosen hingegen passen sich nur selten an. Sie würden nie zu einem Ausländer sagen, sie wohnten in „Nizza", sondern immer von „Nice" sprechen, genauso wie sie „Pari" und nicht „Paris" sagen. Ein Deutscher aber gibt im Ausland meistens „Munich" statt München an und ein Engländer eben „Plimutt" statt Plymouth.

Franzosen sind furchtbar stolz auf ihre Sprache. Zum Beispiel Benjamin, der schrecklich nette Kollege von Hans. Er ist mit einer Ukrainerin verbandelt, die in München studiert hat und erstaunlich akzentfrei Deutsch spricht. Benjamin hört jeden Morgen *WDR 5*, um Deutsch zu lernen, und läuft mit englischen Vokabelkärtchen herum, er ist also kein Fremdsprachenmuffel. „Französisch ist eine der reichhaltigsten Sprachen der Welt", sagt er eines Abends bei Oliven und Martini. „Die darf nicht im Englischen untergehen." „Was meinst du denn mit ‚reichhaltig'?", frage ich, etwas genervt. „Je sais pas – allein die vielen Verben, die wir haben." Mmmh. Ob Japaner, Araber oder Nigerianer weniger Verben hätten? „Keine Ahnung", sagt Benjamin mit dieser typischen südfranzösischen Gelassenheit, „aber die französische Sprache ist auf jeden Fall am schönsten." Dagegen hatte ich wenig zu sagen, wie auch. „Croissant" hört sich ja auch schöner an als „Schrippe".

Mai

ES REGNET SEIT TAGEN, und langsam werde ich nervös. Dieses Gefühl, es müsste eigentlich immer die Sonne scheinen, macht mich anspruchsvoll. „Das Wetter ist eine Unverschämtheit", erklärt meine Bäckerin. Die Tageszeitung bringt Sonderseiten über Menschen, die die Côte d'Azur beschimpfen. „Wir sind doch hier nicht in Sibirien", empört sich eine Frau. Ein befragter Eisverkäufer meint, die Saison sei schon jetzt dahin. Draußen hat es 17 Grad. Ich schaue in der Wetterhistorie von *Météo France* nach – angeblich ist das nasse Maiwetter ganz normal. Aber als wir eines Sonntags mit dem Wanderclub und in Regenjacken einen Berg hochstapfen, sagt Hélène auch, es sei „du jamais vu" – etwas noch nie Dagewesenes. „Früher war das Wetter im Frühjahr ganz stabil schön, das hat sich geändert." Yvonne und Jean-Louis, die Senioren des Vereins, nicken. Die Gruppe ist mal wieder in Hochform. Im Laufe des Tages lassen wir ein betagteres Ehepaar und einen Mittdreißiger hinter uns, die zum ersten Mal mitwandern. „Der junge Spund hat ja bislang nur ‚Bogenschießen' gemacht", erzählt Jean-Louis verächtlich, „das ist ja kein Sport." Obwohl wir schon morgens um 6.30 Uhr in Nizza abgefahren und um acht Uhr losgelaufen sind, kommen wir erst in der Dämmerung am Bus an. „Die Strecken sind ganz schön lang", sage ich zu Hélène. „La montagne, cela se mérite" ist ihre Antwort. („Den Berg muss man sich verdienen.")

Wir sind nördlich von Grasse in den Hügeln gelaufen. Rund um die Parfümstadt ist es weniger steil, die Berge erreichen nur rund 1000 Meter Höhe, aber dafür sind die Runden lang und warm. Kurz bevor mittags die Regenwolken aufziehen, habe ich schon das Gefühl, einen Sonnenstich zu bekommen.

Aber die Wetterfrösche von *Météo France* können sagen, was sie wollen, der Mai ist wirklich schlecht. Selbst das Filmfestival in Cannes sieht seine Stars auf dem roten Teppich nass werden. Das weltbekannte Ereignis verändert für ein paar Tage die gesamte Côte d'Azur. Die rund 200 Stars wären ja problemlos in den Luxussuiten an der Croisette unterzubringen. Aber ihre Entourage und vor allem die Fans ziehen mit Robert de Niro, Kate Winslet und Leonardo di Caprio um die Welt, und so sind alle Hotels im Umkreis von dreißig Kilometern ausgebucht. In Cannes hängen Schilder mit Wohnungsangeboten an Laternenpfählen. Eine Villa mit Meerblick und sechs Zimmern wird für 65 000 Euro in der Woche vermietet, ein Studio in der Altstadt für 15 000 Euro. Echte Fans scheinen diese Summen auf sich zu nehmen.

Für eine Reportage fahre ich schon ein paar Tage vor dem großen Festival nach Cannes, ich möchte über die deutschen Fans schreiben, die extra nach Cannes gereist sind. Vom Bahnhof führt eine kurze Einkaufsstraße zur Croisette, und ich stehe vor dem Filmpalast. Just in diesem Moment wird der rote Teppich ausgerollt. Prominente wie Robert de Niro, Johnny Depp, Faye Dunaway oder Penélope Cruz werden alle auf den magischen 84 Stufen posieren. Vielleicht gibt es sonst nur bei der Oscarverleihung in Hollywood so viele Prominente pro Quadratmeter. Ich bin überrascht, wie hässlich der eigentliche Filmpalast hinter dem roten Läufer aussieht: ein grauer Betonklotz ohne ersichtliche Fenster. Der Boden ist zwar marmorfarben, aber die Wände sind mit einer Art braunem Teppich verkleidet, die Treppenhäuser dunkel. Der große Raum, in dem die Wettbewerbsfilme gezeigt werden, ist ein klassischer großer Kinosaal, nicht mehr und nicht weniger.

Aber der rote Teppich, der macht den Unterschied. Unzählige junge Menschen reisen tagelang per Autostopp oder Billigbus an, um ihre Stars nicht nur in der *Bravo* zu sehen. Janina und Selma, zwei achtzehnjährige Schülerinnen aus Bremen, sind übers Wochenende nach Südfrankreich getrampt und wollen auf Johnny Depp warten. „Er ist so süß", sagt Selma mit ihren unzähligen blonden Zöpfen und dem etwas zerknautschten T-Shirt. Die beiden Freundinnen haben am öffentlichen Strand von Cannes auf einer Isomatte geschlafen. Sie konnten sich keine der teuren Übernachtungen in Cannes leisten. „Aber die Nacht war toll – wir haben ganz viele Fans aus aller Welt getroffen", erzählt Janina mit etwas müden Augen. Außerdem sei es am Mittelmeer ja schön warm.

Wenn in Cannes auch ein Preis für den treuesten Fan vergeben würde, ginge er aber sicherlich an France Legrand. Ich interviewe sie wenige Meter vor der berühmten Treppe. Eine dankbare Aufgabe. Legrand und die um sie herumstehenden Fans sind froh über die Abwechslung und lachen darüber, selbst einmal ins Aufnahmegerät zu sprechen. Seit knapp zwanzig Jahren hat die blonde Frau bei jedem Filmfestival in der Stadt am Mittelmeer Stunde um Stunde, Tag für Tag auf ihre Stars gewartet. „Ich liebe die Amerikaner", sagt die Mittfünfzigerin. Sie habe schon Robert de Niro die Hand gegeben, Kevin Costner umarmt und Alain Delon einen Wangenkuss verpasst. „Es ist mein Highlight des Jahres." Mit ihrer großen, verspiegelten Sonnenbrille ähnelt sie ihren Stars schon ein wenig, nur dass sie zur Mittagszeit ein weich gewordenes Sandwich aus der Plastikfolie zieht.

Legrand hat, wie viele Kino-Anhänger, schon einige Tage vor dem Start ihre Trittleiter auf einer palmenbewachsenen Verkehrsinsel gegenüber vom Filmpalast aufgebaut. Dutzende von ihnen stehen während des Festivals dicht an dicht und mit Fahrradschlössern aneinandergekettet in einer Reihe, umgeben von Tuben mit Sonnencreme und Wasserflaschen. Ab 17 Uhr, wenn die ersten Stars vorbeiflanieren, wird es ernst für Legrand: Sie steigt auf die höchste Stufe ihrer Leiter und versucht, einen Blick auf die eintreffenden Stars zu erhaschen. Im dichten Gedränge auf der Straße ist dies für mich nahezu unmöglich.

„Ich hoffe sehr auf Kiefer Sutherland", sagt Legrand. Manchmal wartet sie aber auch vergeblich: Am zweiten Festivaltag hieß es plötzlich, Robert de Niro werde den Palast über den roten Teppich verlassen. Am Ende ist der amerikanische Superstar aber dann doch über einen entlegenen Hinterausgang verschwunden, und die Fans waren enttäuscht. „Keiner sagt uns, wann welcher Star kommt."

Dahinter steckt auch ein wenig Kalkül der Veranstalter: Sie halten den genauen Zeitpunkt des Auftritts von Stars geheim. Nur so ist garantiert, dass auch bei weniger bekannten Regisseuren und Schauspielern die Absperrzonen gut gefüllt sind. „Früher kamen wir aber noch viel näher an unsere Kinodarsteller heran", erzählt das langjährige Groupie France Legrand. „Vor zwölf Jahren habe ich sogar mit Jean-Paul Belmondo kurz am Gitter reden können." „Und, was hast du gesagt?" Ich stelle mir vor, wie wichtig für Legrand die ausgetauschten Worte gewesen sein müssen. „Er hat nur gefragt: Ça va?", und ihre Stimme bebt. Ich sehe ihr an, dass sie diese Floskel von Belmondo noch heute berührt. Jahre später kam der Schauspieler noch einmal nach Cannes, aber die immer rigideren Absperrungen um den roten Teppich hätten Legrand daran gehindert, Belmondo erneut nahezukommen. „Überraschungen gibt es aber immer wieder. Ich harre bis zum Ende aus."

Am beharrlichsten ist aber vielleicht Domitille, eine gute Freundin von Hélène, die schon ein paar Mal mit uns mitwanderte. Sie wohnt zwischen Nizza und Cannes und kurvt mit ihrem Fahrrad an der Küste herum. Obwohl ich schon einige Berge mit Domitille erklommen habe, weiß ich so gut wie nichts über sie. Wie so viele Bewohner Südfrankreichs ist sie mit Mitte dreißig aus Paris hergekommen. Viele Franzosen landen nach dem Studium zwangsläufig in der Hauptstadt, arbeiten dann einige Jahre in den großen Institutionen, der Nationalbank oder den internationalen Konzernen und Versicherungen im Büroviertel la Défense, und sehnen sich dann nach einem entspannteren Leben mit mehr Sonne und weniger Metrogestank.

Domitille aber kam für das Filmfestival nach Cannes. „Dann hat man mich gebeten zu bleiben." Wer dieser „man" – oder frau – war, habe ich mich nie zu fragen getraut, so geheimnisvoll, wie Domitille sich immer ausdrückte. Diese Person spielt in ihrem jetzigen Leben offenbar ohnehin keine Rolle mehr. „Und dann bist du auch geblieben." „Ja, für das Filmfestival." Ich gucke ungläubig – das Festival läuft doch nur an elf Tagen im Jahr, kann es zum Lebensmittelpunkt werden? „Also für mich schon", sagt Domitille. „Schon im Januar werde ich nervös. Wenn dann im Laufe des Frühjahrs die Filme angekündigt und die zwölf Mitglieder der Jury bekanntgegeben werden, bin ich kurz vor multiplen Orgasmen." Domitille liebt starke Worte, vielleicht, weil ihre Filme sie so leichtfertig benutzen. Manchmal finde ich sie selbst ein wenig theatralisch, wie sie Kunstpausen in ihre Schilderungen einflicht oder wie sie beim Wandern ihre Arme auf dem Gipfel in die Luft reißt. Ich mag sie gerne. Die kleine blonde Frau hat wenig Geld und keine mächtigen Freunde, aber sie guckt während der zehn Tage des Festivals 55 von 80 Filmen, von morgens neun Uhr bis oft nach Mitternacht. Sie richtet alles danach aus, bis zur körperlichen

Erschöpfung. „Ich esse wenig, vielleicht nur ein Sandwich am Tag, und wenn mir die Beine zu schwer werden, laufe ich mit nackten Füßen fünf Minuten durch das frostige Meerwasser, mehr Zeit ist nicht drin."

„Für mich ist das Festival das purste Kinovergnügen auf der Welt. Ich habe noch keine Trailer gesehen, keine Kritiken gelesen, das Publikum erwartet etwas völlig Unbekanntes. Fantastisch." Als sie 1996 zum ersten Mal nach Cannes reiste, hörte sie frühmorgens eine Frau Passanten nach Tickets für die „selection officielle", die offizielle Auswahl der Jury, fragen. Wenig später hatte die Frau eine Eintrittskarte. „Seitdem bettle ich auch jeden Morgen um 7.30 Uhr vor dem Haupteingang, fast immer klappt das auch." Denn auch Filmcrews und Techniker erhalten Tickets, die sie dann nicht alle einlösen. So ist es guter Brauch, sie an Filmfans weiterzugeben. „Tagsüber ist das überhaupt kein Problem", so Domitille. Die Abendfilme seien begehrter, weil dort auch die Stars auftauchen können. „Die ganz Großen, Brad Pitt und Catherine Deneuve beispielsweise, kommen aber erst in den Saal, wenn das Licht schon gedimmt ist." Ab 19 Uhr ist Abendgarderobe Pflicht. Ich schaue auf Domitille, wie sie in ihren Joggingschuhen, Bundfaltenjeans und T-Shirt vor mir im Café sitzt, und kann mir sie nur schlecht neben Angelina Jolie im Cocktailkleid vorstellen. Sie sieht mir meine unhöfliche Ungläubigkeit an und grinst. „Da staunst du, was?" Ich staune, aber ich habe tatsächlich schon viele Französinnen getroffen, die sich abends für kleine Feiern oder auch mal für ein gutes Restaurant so richtig in Schale werfen – so, wie Frauen es in Deutschland nur zu Hochzeiten tun würden, mit hochhackigen Schuhen und kleinem Handtäschchen und allem Drum und Dran.

Domitille hat nicht nur inzwischen mehr als tausend Filme in Cannes gesehen, sie kann sich auch noch an alle erinnern. Mir ist vor allem eine seltsame Wiedergabe von ihr im

Kopf geblieben: György Pálfis *Taxidermia – der Ausstopfer*. „In dem Film geht es um eine ungarische Familie, in der die Männer seltsame Leidenschaften pflegen. Der Großvater befriedigt sich manisch selbst, und weil er als Soldat im Zweiten Weltkrieg die Frau des Hauptmannes schwängert, wird er erschossen. Der aus der verbotenen Liaison hervorgegangene Vater frisst den ganzen Tag und gewinnt ständig Wettessen. Am Ende seiner Tage mästet er sich nur noch." Domitille freut sich ein wenig über meinen angeekelten Gesichtsausdruck. „Schließlich schlingt er sogar Schokolade inklusive Silberpapier in sich hinein. Sein Sohn hingegen ist dürr, und sein Beruf ist es, Tiere auszustopfen. So weit ist das ja noch eine fast gewöhnliche Geschichte. Aber sie wird immer grotesker: Der Film endet damit, dass der Vater buchstäblich platzt, Katzen seine Gedärme auffressen und der Sohn währenddessen unter Narkose anfängt, sich selbst auszustopfen." Ich rühre etwas angewidert in meinem Milchkaffee. Wir sitzen auf dem Platz Garibaldi, und die rosafarben blühenden Seidenbäume passen nicht so recht zu dem Ekel, der in mir aufsteigt. „Die Filme in Cannes sind halt keine Blockbuster", sagt Domitille. „Der Film zeigt das Animalische im Menschen, das Tragische des Daseins, er ist einfach hervorragend."

Nein, Cannes ist nicht Hollywood, und die von mir so geliebten Happy Ends sind eher selten. Viele Filme wagen sich über gewohnte Grenzen, und das Publikum pfeift schon mal einen Regisseur bei zu krassen Szenen oder einem dürftigen Szenario aus. „Das ist das Schöne in Cannes: Das Publikum fiebert richtig mit, eher so wie im Theater. Die Menschen weinen auch mal oder lachen laut auf, manchmal schimpfen sie."

In den vergangenen fünfzehn Jahren aber hätten die Leute immer weniger gebuht, immer weniger Personen den

Saal verlassen. „Wir sind jetzt alle mehr gewöhnt", sagt sie. „Allen voran du selbst", sage ich lachend. „Ja", meint Domitille, früher sei sie noch über *Basic Instinct* oder *Das Schweigen der Lämmer* erschrocken gewesen. „Heute sind das doch nur noch nette Filme." Ich grusele mich noch immer beim Gedanken an Hannibal Lector, aber Domitilles Augen funkeln, wenn sie von ihren erbettelten Erlebnissen erzählt. Im größten Saal des Palastes in Cannes finden 2400 Personen einen Platz. Mehr als in den meisten Theatern oder Opern. Die Stimmung muss bombastisch sein.

Um an die weiteren Spielorte in Cannes zu kommen, gibt es wieder andere Wege. Beim Kulturzentrum in Cannes beantragt Domitille jedes Jahr einen „Cinéphil"-Pass. Der ist für 3000 Personen reserviert, die echte Kinofans sind und beispielsweise regelmäßig in den Mediatheken zum Videoverleih auftauchen. Echte Kinofans gibt es in Frankreich ohnehin sehr häufig. Also so richtig echte Fans, die nach dem Kino direkt den aktuellen Film mit vergangenen vergleichen und jede Anspielung auf historische Szenen verstehen. Als ich Hélène kennenlernte oder meine Freundin Juliette in Paris, fragten sie mich nicht, welcher mein Lieblingsfilm sei, sondern welchen Regisseur ich gut fände. Das ist ein Riesenunterschied. Denn einen besonders netten Film kennt jeder, aber ein Regisseur oder eine Regisseurin, deren Werke ich insgesamt gesehen hatte, fiel mir gar nicht ein. „Weiß ich jetzt gar nicht so", sagte ich dann. Juliette und Hélène waren erstaunt. So erstaunt, als hätte ich zugegeben, noch nie im Kino gewesen zu sein. „Irgendeiner muss dir doch besonders gut gefallen haben", sagte Juliette. Mmh.

Es ist schön, in einem Kinoland zu leben. Schon in aller Frühe können wir Filme ansehen, denn die meisten Kinos in Nizza, Cannes und Antibes öffnen bereits um zehn Uhr morgens. Juliette hat sogar ein Abo auf Tickets abgeschlossen und kann für 50 Euro im Monat unbegrenzt Filme schauen. Und das Festival in Cannes ist ein Mega-Ereignis: Die Fernsehsender bringen lange Reportagen, die Zeitungen Sonderseiten und Extramagazine. „Kino ist doch eines unserer höchsten Kulturgüter", sagt Domitille. Mit einem Cinéphil-Pass kann sich Domitille einige dutzend preiswürdige Filme in den normalen Kinos der Stadt anschauen. Die Vergabe des Passes gleicht einer Bewerbung für einen hoch bezahlten Job. „Die Organisatoren erwarten jedes Jahr aufs Neue ein Motivationsschreiben", erzählt Domitille. Eine Art Beweis, dass sie auch wirklich eine echte Cineastin ist. Im 65. Festivaljahr hatte Domitille die Zahl 65 mit Goldstift aus allen Titeln der „Goldenen Palme", dem höchsten Preis des Festivals, gemalt. Ihre Bastel-Collage gefiel offenbar, und so hat sie ein Badge ergattert. Tatsächlich ist ausgerechnet in der mondänen und teuren Stadt Cannes das Filmeschauen umsonst – anders als bei den Festivals von Deauville, Biarritz oder Rochelle.

Ansonsten ist in der Stadt aber wenig umsonst, und als wir an einem Frühjahrstag zum ersten Mal mit dem Rad die dreißig Kilometer von Nizza dorthin fuhren, war ich enttäuscht. Irgendwie hatte ich mir Cannes glamouröser vorgestellt, die Croisette bombastischer, die Stimmung feierlicher. Und alles auch eine Nummer größer. Cannes ist aber recht klein, nur halb so groß wie Herne oder Heidelberg. Die Straßen vom Bahnhof bis zur Croisette hinunter sind mit den üblichen Allerweltsfilialen gepflastert, in ein paar Querstraßen könnte ich Mäntel von Dior und Taschen von Hermès kaufen, wenn ich dafür einige tausend Euro bezahlen wollte.

Das Klischee von der mondänen und versnobten Côte d'Azur – auf Cannes trifft es zu. Nizza hat viele Studenten, normale Wohnviertel und Wettkneipen, die Menschen laufen in unscheinbaren Jogginghosen die Promenade entlang, und in den Cafés gibt es einen Espresso für 1,30 Euro. Cannes aber ist protzig, die Einwohner so stark gestylt, dass ich mich nicht willkommen fühle.

Das geht auch einigen meiner Freundinnen so, die mich besuchen kommen und auch mal in die glamouröse Stadt fahren wollen. Iris, die so gerne durch Villefranche auf der Suche nach Stars spazierte, fühlte sich ganz unwohl in der Stadt. Dabei sieht sie aus wie ein Model. „Ich habe die falschen Schuhe an", sagt sie entsetzt, als wir aus dem Zug steigen. Sie streckt mir ihre Füße in bequemen Flipflops entgegen. „Ich komme mir in den Galoschen vor wie ein deutsches Nilpferd", klagt sie, als hätte ich sie warnen müssen. „Ich habe doch auch normale Sneakers an." „Ja, du, aber guck dich doch mal um – alle, wirklich alle Frauen tragen hochhackige Schuhe oder zarte Riemchensandalen!"

Als wir am Strand über die Croisette laufen und das wieder einmal strahlend schöne Meer bewundern, vergisst sie ihre Kleidersorgen, aber während des Mittagessens sind sie wieder da. „Warum trittst du mich dauernd?", frage ich sie über den Tisch hinweg. „Ich versuche nur, meine Füße zu verstecken", wispert sie. Wir lachen. Iris hat recht, in Cannes fühlt sich jede schnell underdressed.

Die Altstadt auf dem Hügel ist aber ein schöner und entspannter Ort. Kleine Restaurants und ein paar Boutiquen entlang steiler Straßen sind einladend, und der Blick über Cannes und die Croisette ist herrlich. Bis zum 19. Jahrhundert war Cannes ein Dorf von Fischern und Mönchen, die sich hier in die Einsamkeit am Meer zurückzogen. Noch heute ist die vorgelagerte Insel Saint-Honorat von Mönchen bewohnt, inzwischen ist aber auch hier der Cannes'sche Luxus-Flair eingezogen. Mit meiner holländischen Freundin Cathelijne, auch Journalistin, und der mit ihr befreundeten Weinexpertin Nelly habe ich kurz vor dem Festival einen Tag auf der Insel verbracht. Wir wollten eine Reportage schreiben über diese ruhige Seite von Cannes, nur einige Minuten von der Glamour-Croisette entfernt. Es ist herrlich, dem überbordenden Luxus mit einem einfachen Fährboot zu entfliehen. Eine Viertelstunde dauert die Fahrt, und schon beginnt eine andere Welt.

Auf der Insel ist nicht viel zu sehen: außer Pinien, zwei Weinbergen und einem kleinen Kloster. Fußgängerpfade säumen das Ufer, in einer Stunde haben wir die flache Insel umrundet. Zum Schluss wollen wir noch die Abtei besichtigen. Zwanzig Mönche leben hier, sie bewirtschaften die Weinfelder und beten sieben Mal am Tag. Sie predigen den Verzicht und die Einfachheit des Lebens.

Die Gottesfürchtigen aber haben sich ihrer reichen Klientel angepasst: Der Verkaufsshop ist beinahe größer als das Kirchenschiff. Dort gibt es Honig und ätherische Öle zu kaufen oder auch Küchenschürzen mit dem Logo des Klosters darauf. Wir können von allem kosten. Die Kekse sind sehr lecker, und den Wein mag ich auch. Nelly aber verzieht das Gesicht. „Das ist kein guter Tropfen", meint sie, „zu sauer, nicht ausgewogen." Nelly muss es wissen, sie schreibt für skandinavische Weinmagazine. Sie ist strohblond und dünn, von jedem Wein kostet sie nur einen winzigen Schluck. Vielleicht ist sie das ständige Probieren auch einfach mal leid. „Ich finde den eigentlich ganz gut", sage ich zögerlich. „Papperlapapp, der dürfte im Supermarkt höchstens vier Euro kosten." Ein Mönch guckt uns streng an. Ob er uns verstanden hat?

Jedenfalls ist er nicht auf unser Wohlwollen angewiesen, viele Touristen kaufen die Flaschen zu 15 bis 40 Euro, manche nehmen ganze Kisten mit. Ihnen wird der Gedanke an den Weinberg in der Sonne sicherlich die kommenden Gläschen in der Heimat versüßen, das macht sie dann doch wertvoll.

Von der Insel aus können wir die vielen Luxusyachten vor Cannes sehen. Vom ruhigen Kloster aus betrachtet, ist die Küste unglaublich bebaut und wuselig. Cannes lebt nicht wie Nizza ganzjährig, sondern flackert kurz zu den zahlreichen Festivals und Messen auf. Im Dezember oder Januar sind viele reiche Rentner mit ihren Schoßhündchen auf der Promenade unterwegs, die Strandbars haben geschlossen. Im Hochsommer dann „fallen die reichen Russen ein wie Fliegen", wie mir Sandrine von der Touristenzentrale freimütig erzählt. Sandrine möchte eigentlich vor mir als Journalistin für Cannes als Urlaubsort werben, aber an den russischen Gästen lässt sie kein gutes Haar. „Sie trinken in ihrem Strandkorb literweise Champagner und scheren sich um nichts." In den Luxushotels der Stadt haben die Neureichen aus dem Osten offenbar einen schlechten Ruf. Sie zerdeppern volltrunken das wertvolle Mobiliar, und viele Zimmergäste beschweren sich über die lauten Nachbarn. „Intern haben wir schon einen Code, die Russen allesamt in einem Flügel unterzubringen, die Gäste aus anderen Teilen der Welt in einem anderen", sagt Sandrine. „Das ist hier gang und gäbe." Selbst im Luxushotel gibt es also Diskriminierung.

Der Mai ist der erste richtig gute Monat für meine Schreibaufträge. Das Filmfestival in Cannes macht deutsche Leserinnen und Leser neugierig auf die Region, und langsam habe ich ein Gefühl dafür, welche Geschichten in Deutschland interessieren. Am besten ist es, wenn die Reportage aus Südfrankreich auch etwas mit den Deutschen zu tun hat. So treffe ich bei einer Reportage über die arme Seite von Cannes den Obdachlosen Andreas. Seitdem geht mir der kleine Mann mit dem wollenen Bart nicht mehr aus dem Kopf, ich habe seine Handynummer noch immer gespeichert. „Biste auch Deutsche?", sprach er mich von der Seite in einer Suppenküche an. Andreas trägt einen langen Bart und eine verblichene Baseballkappe, seine Bundfaltenjeans schlottert. „Ja", sage ich überrascht. „Willkommen in Cannes", sagt er freundlich.

Cannes zieht nicht nur die extrem Reichen an, auch die extrem Armen erhoffen sich ein leichteres Leben im Süden. „Viele Obdachlose aus dem Norden trampen nach Cannes. Oder Auswanderer schaffen es dann hier doch nicht und werden am Ende arbeitslos. So wie ich." Andreas Jachmann, gebürtiger Düsseldorfer, blieb nach einem Urlaub hier hängen. Die französische Hilfsorganisation „Droit au logement" („Recht auf Wohnung") schätzt, dass sich an der Côte d'Azur einige zehntausend ausländische Obdachlose aufhalten, darunter viele Deutsche. Genaue Zahlen können weder die Organisation noch die Stadt liefern.

Diese dunkle Seite von Cannes ist für Touristen kaum sichtbar. Aber sie ist zu erahnen. Die Obdachlosen schlafen in den beheizten Tiefgaragen, sie übernachten im Winter in Umkleiden von Tennisplätzen geschlossener Ferienanlagen und wühlen in Hinterhöfen im Müll. Für große Events wie etwa dem Festival sperrt die Stadt die armen Kreaturen aus.

Andreas Jachmann hat Angst vor Großveranstaltungen. Obwohl er keine feste Bleibe hat, fürchtet er, seine gewohnten Schlafplätze zu verlieren und nächtelang umherzuirren. „Um auf der Straße zu überleben, musst du die Stadt und ihre Plätze genau kennen", sagt er mit einem sympathischen rheinischen Akzent. Seit mehr als dreißig Jahren schlägt er sich in der Stadt durch und hat sich über die Zeit verschiedene geduldete Schlafplätze erobert. Mal in einer Schule, die renoviert wird, mal in einem Parkhaus neben dem Bezahlautomaten. Jachmann könnte auch Touristenführer sein, so sehr ist er in die Stadt und ihre Historie eingetaucht. Er weiß, dass der Bahnhof für 42 Millionen Euro saniert wurde, die Stadt einen neuen Kai für Yachten baut und warum nach einer Erbstreitigkeit ein nobles Hutgeschäft leer steht. Jeden Morgen sammelt er Zeitungen von der Straße und liest sie, stundenlang. „Ich will alles mitkriegen." Mit seinem Vollbart und dem Pappbecher Kaffee in der Hand sieht er in der blank geputzten Stadt sehr verloren aus. Über Paris sagte der legendäre französische Autor Victor Hugo einmal, dass Arme dort doppelt arm seien. Das stimmt auch für die Côte d'Azur. Wenig zu haben neben all der Opulenz muss sich doppelt armselig anfühlen. „Ja, manchmal gucke ich ungläubig auf all den Überfluss und wundere mich. Wo kommt der ganze Reichtum her?", fragt Andreas.

Betteln muss er inzwischen nur noch selten. Meist kann er mit kleinen Anstreicherjobs überleben. „Früher habe ich öfter in der Fußgängerzone gesessen und am Ende des Tages doch nur vier oder fünf Euro in meiner Kappe gehabt. Mir war das Betteln schrecklich peinlich." Er trägt ein schwarzes T-Shirt, auf der Brust prangt der Schriftzug von Janet Jackson. Als Obdachloser muss er in der Kleiderkammer nehmen, was gerade da ist und einigermaßen passt. Und so läuft der Fan von Pink Floyd und Led Zeppelin in einem Shirt des Popsternchens an den Designläden von Cannes vorbei.

Andreas Jachmann kam jung und hoffnungsvoll nach Cannes. Gerne erzählt er seine Geschichte, nicht viele hätten ihn je danach gefragt, sagt der Sechzigjährige. „Sie ist interessant, zu erzählen, aber schwer, zu leben. Mit 25 Jahren ließ sich meine Frau von mir scheiden, von einem Tag auf den anderen. Ich glaube, sie hatte einen anderen. Danach hat mich nichts mehr in meiner Geburtsstadt gehalten. Ich habe meinen Job als Maler in Düsseldorf aufgegeben und bin für zwei Jahre nach Thailand und Indien gegangen." Jachmann zieht an seiner Selbstgedrehten und bietet mir auch eine an. „Auf dem Rückweg habe ich in Cannes gehalten, ich wollte das Mittelmeer sehen. Und ich dachte: Wo so viele Millionäre wohnen, kann ich doch bestimmt arbeiten." Er lacht erschrocken auf über seine träumerischen Vorstellungen von damals.

Mit seinen beiden Hunden habe er Privatstrände in der Nacht und später dann eine Villa auf den Hügeln der Stadt bewacht, die amerikanischen Besitzer seien ohnehin nur zwei Wochen im Jahr gekommen, und er hatte eine kleine Dienstwohnung in der Garage. „Ich dachte: Bingo, hier wirst du alt." Aber dann sei das weiße Anwesen im mondänen Stadtteil Californie verkauft und ihm über Nacht gekündigt worden. Weil er seit zehn Jahren schwarzgearbeitet habe, sei er ins Nichts gefallen. Auf Sozialwohnungen müssen in Cannes selbst kinderreiche Familien jahrelang warten, die Stadt hat ihr lukratives Land an russische, chinesische und italienische Investoren verkauft. Auf den letzten freien Flächen sind so Luxusapartments und Villen entstanden. Heute gibt es mehr Immobilienagenturen als Bäcker in der Stadt. Selbst eine kleine private Wohnung kostet 800 Euro monatlich, und wer keine Adresse vorweisen kann, muss zudem noch sechs Monatsmieten vorstrecken. Unerschwingliche Summen für Menschen wie Andreas. „Es geht nicht nur um Frieren oder Nicht-Frieren", sagt Andreas. „Das Leben als Obdachloser ist immer bedrohlich."

Trotz der großen Klassenunterschiede scheinen auch für die Obdachlosen die alten Bande zu gelten. Andreas hat seine Jobs überwiegend über deutsche Straßenbekanntschaften bekommen – und sei oft von ihnen betrogen worden. „Einmal habe ich das Boot eines Bremer Geschäftsmannes über Wochen gestrichen – und paff, war er über Nacht mitsamt seinem blitzenden Kahn verschwunden. Eine Sauerei war das. Ein anderes Mal habe ich für einen deutschen Immobilienhändler ein Apartment in Cannes La Bocca angemalt und mein Honorar auch nie bekommen. Die wissen, dass wir hilflos sind", sagt Andreas. „Viele Menschen beschäftigen uns Wohnungslose schwarz und bezahlen dann einfach nicht. Schließlich ist von uns keine Klage zu befürchten."

Die Obdachlosen können in Cannes selbst im Oktober und November draußen schlafen, nachts sind es dann noch 15 Grad. Aber vor vielen Geschäften stehen schwarz gekleidete Sicherheitskräfte und verscheuchen alle Nicht-Kunden. Noch mehr als in durchschnittlichen Einkaufszentren stören die Obdachlosen offenbar in den Luxusmeilen. Einige teure Restaurants überschütten ihre Abfälle mit stinkendem Gift, damit sie nicht darin wühlen. In Nizza hatte der konservative Bürgermeister Jacques Peyrat Mitte der Neunzigerjahre Bettler von der Straße aufgesammelt und mit einem Bus auf den zwanzig Kilometer entfernten, 800 Meter hohen kahlen Berg, den Mont Chauve, fahren lassen. Erst als ein bis heute namenloser Obdachloser auf seiner Wanderung zurück unter der gleißenden Julisonne zusammenbrach und verstarb, wurde die Deportation ins Nichts wieder eingestellt.

Auf seine Berge verlädt Cannes die Obdachlosen bislang zwar nicht. Angewiesen auf den Zulauf zu rund zwölf großen Messen im Jahr und auf das strahlende Image der Filmfestspiele, wird in der Stadt allerdings ausgiebig über reiche Gäste und nur verstohlen über arme Bürger gesprochen. So hat die Gemeinde im Sommer Poster geklebt und Flyer verteilt, um die Bürger zum „sinnvollen Schenken" zu bewegen: Nicht an einzelne Personen auf der Straße, sondern an

Organisationen sollten die Menschen laut der Werbekampagne spenden. „Es handelt sich um geordnete Barmherzigkeit", sagte der Chef des Festivalpalastes, David Lisnard, in einem Interview.

„Der möchte uns nicht mehr betteln sehen", sagt Andreas Jachmann. „Dabei hassen wir es doch selber." Andreas hat sich über die Jahre ein Netz aus Menschen aufgebaut. Morgens kauft ihm ein Banker seinen täglichen Kaffee, abends schenkt ihm ein Mitarbeiter des Billigsupermarktes „Leader Price" eine Tüte mit abgelaufenen Sachen. „Ich habe schon lange keinen Hunger mehr gehabt", sagt er. „Ich komme klar." Andreas strahlt tatsächlich eine gewisse Zufriedenheit aus.

Juni

AM MORGEN IST UNSERE FAHRRAD-LUFTPUMPE WEG. Geklaut, verschwunden. Es war nicht irgendeine Luftpumpe, sondern eine besonders gute Standpumpe, in zwei Minuten war der leere Schlauch wieder prall. Wir hatten sie extra in Nizza gekauft. Seit fünf Monaten stand sie unten in der Garage neben unseren Fahrrädern, und nun ist sie weg. Obwohl jeder Eindringling ein Badge und einen Schlüssel bräuchte, denn wie alle Häuser in unserem Viertel ist auch unser Haus dreifach gesichert. „Kann ja nur ein Handwerker oder so gewesen sein", vermutet Hans. Aber es fühlt sich ungut an, im eigenen Haus bestohlen zu werden.

Auf der Straße treffen wir die Hausmeisterin mit ihren fünf weißen Hunden. Heute tragen sie wieder neue Halsbänder, aus dunkelgrünem Samt. Wie immer kläffen sie unaufhörlich. „Ach, die ganzen Sicherheitsideen sind eigentlich überflüssig", sagt sie. Wie alle Niçoiser ist sie kein bisschen über den seltsamen Klau überrascht. „Im Laufe der Jahre kriegen so viele Menschen ein Badge und die Nummern der Eingangspforten zugesteckt – die Briefträger, Handwerker, Pizzalieferanten, Feriengäste –, die sind ganz sinnlos. Das beruhigt nur Touristen."

Mich hat der Sicherheitsfimmel ohnehin nie beruhigt. Er nervt. Ich glaube, er zieht die dunklen Seelen erst recht auf unseren Hügel. Die Panzerknacker brechen auch immer in den Geldspeicher von Dagobert Duck ein, gerade, weil er so gesichert ist und nach Geld stinkt. Als Diebin würde ich auch dort versuchen einzubrechen, wo die höchsten Mauern sind. In unserem Viertel hoch über dem Hafen von Nizza sind vier Straßen komplett mit Gittern verriegelt, für die Häuser sind dann noch mal Nummerncodes, Schlüssel und elektronische Karten notwendig. Alle schöneren Viertel der Côte d'Azur sind ähnlich verrammelt, auch die Halbinseln Cap Antibes, die Anwesen auf Saint-Jean-Cap-Ferrat und auf dem Cap Martin.

Genützt hat es nichts. „Eingebrochen wird hier genauso oft wie früher", sagt die Hausmeisterin. „Besonders beliebt ist das nächtliche Ausräumen von Tiefgaragen in unserem Viertel, am nächsten Morgen fehlen dann Fahrräder, Scooter und teure Autos. Das kann man nicht ändern." Ich erinnere mich an eine Reportage, für die ich den früheren Elektriker von Pablo Picasso interviewt habe. Der Jahrhundertmaler hat sein Haus in Mougins, in den Hügeln von Cannes, erst sehr spät mit Zäunen versehen. Wohl hat sich der Künstler nie damit gefühlt. Tagelang habe er ausprobiert, ob er die elektrisch gesicherten Tore öffnen oder notfalls über die extrahohen Mauern hinausklettern könne. „Picasso hatte Angst, beispielsweise bei einem Brand nicht schnell genug aus seinem eigenen Anwesen zu kommen." So eingesperrt fühle ich mich auch manchmal in unserer Fort-Knox-Siedlung, vor allem, wenn ich einen langen Umweg gehen muss, weil mir der direkte, viel kürzere Weg versperrt ist. Wer jemanden ausschließt, schließt sich auch ein.

Hans kauft noch am selben Tag eine neue Luftpumpe, wieder für 30 Euro, wieder stellen wir sie neben unsere Rennräder ins Parkhaus. „Der Dieb hat ja nun eine, diese ist jetzt sicher", sagt Hans in seiner optimistischen Logik. Vier Tage später ist sie wieder weg. Vielleicht fehlte noch jemandem eine Luftpumpe, oder derselbe Dieb konnte sein Glück gar nicht fassen und hat nun einen professionellen Pumpenhandel aufgemacht. Die dritte Pumpe tragen wir jedenfalls nach jedem Gebrauch wieder feierlich hoch in unsere Wohnung.

Wenn Nizza gesichert ist wie eine Bank, dann ist Monaco Fort Knox. In dem Fürstenstaat zwischen Nizza und Italien gelten ganz eigene Gesetze, und wer den weiß behandschuhten Gendarmen an den Einfallsstraßen des Staates nicht gefällt, wird aus dem Verkehr gezogen. Junge Menschen auf Mofas zum Beispiel wird immer mal wieder der Zutritt verwehrt. In diesem Juni richten sich alle Augen auf den kleinen Staat: Charlène und Albert werden heiraten. Endlich erwartet das Haus Grimaldi seinen Nachwuchs, schreiben die Klatschzeitschriften.

Ich melde mich als Journalistin für die Zeremonie an. Fortan verbringe ich ein paar Tage in dem Stadtstaat, um dieses Disneyland für Reiche zu verstehen. Zum Glück begleitet mich Jean-Claude Proy. Der kleine Mann mit dem Hinkebein ist bestimmt siebzig Jahre alt und einer der herzlichsten Menschen, die ich je getroffen habe. Einige Wochen zuvor standen wir uns bei einem Umtrunk des Presseclubs gegenüber, er kramte einige seiner deutschen Worte hervor und schwärmte vom Schwarzwald, wie Proy überhaupt alles lobt.

Eigentlich ist Proy auch nicht Journalist, sondern Tierarzt. Weil er als Veterinär des monegassischen Fürstenhofs einige Berühmtheit erlangt hatte, berät er aber seit vielen Jahren in seiner wöchentlichen Kolumne in der *Nice Matin* Herrchen und Frauchen über bellende Hunde und an Durchfall erkrankte Kater. Wahrscheinlich hat Proy mit dem immer korrekten blauen Nadelstreifenanzug in seiner Praxis mehr über die in sich geschlossene Welt der Monegassen erfahren als die unzähligen Paparazzi-Fotografen, die in Monaco auf der Lauer liegen. „Die Reichen und Mächtigen legen sich einen undurchdringlichen Panzer zu und verteidigen ihre Welt. Deshalb vergöttern sie die ahnungslosen Haustiere", sagt Proy.

Als junger Mann hat er Glück gehabt: Eines Morgens spazierte eine Krankenschwester mit Odin in seine Praxis, dem langfelligen Jagdhund und geliebten Tier von Fürst Rainier. „Damals wusste ich: Jetzt werde ich ein gemachter Mann sein", sagt Proy heute und lacht. Er hat recht behalten. Schon am folgenden Tag kamen vornehme Damen mit ihren Hündchen in Louis-Vuitton-Lätzchen und Katzen mit silberdurchzogenen Spielbällen in die Praxis. In Monaco folgt das Volk seinem Souverän bis hinein in die Behandlungsräume der Veterinärklinik von Doktor Proy. „Ein Gruß des Prinzen ist mehr wert als Hunderte Werbeanzeigen."

Proy hat nach dem Besuch des fürstlichen Hundes vor vielen Jahren Karriere gemacht. Kurz nach dem Besuch von Odin eröffnete er eine Tierklinik in Nizza, die in den Neunzigerjahren zur größten in ganz Frankreich wurde. Bei Radio Monaco moderierte er eine Hundesendung, und nun wohnt er hoch auf den Bergen von Nizza in einer schmucken Villa mit Pool. Noch heute, im Ruhestand, wird der schmale Mann auf den Straßen von Monaco begeistert gegrüßt. Als Tierdoktor des Fürsten ist er eine Berühmtheit.

Proy ist ohnehin sehr höflich, aber sobald er etwas harmlos Kritisches über Monaco sagt, senkt er den Kopf und spricht flüsternd weiter. „Der Fürst entscheidet über das Wohl und Wehe aller Bewohner und Geschäftsleute." Proy guckt mich von unten verschwörerisch an. Ausgerechnet in Monaco, dem Hightech-Land mit den Aufzügen statt Gehwegen, laufen die Geschäfte ab wie in einer Bananenrepublik. Monaco ist noch eine konstitutionelle Monarchie. Der Fürst führt das vierköpfige Kabinett; er ernennt die Minister und den Regierungspräsidenten. Das Bild des Fürsten hängt in jeder Bar und jedem Unterwäscheladen. Nie würde jemand ein schlechtes Wort über den Regenten verlieren. Schließlich ist der Lebensstandard hoch und das Netzwerk am Ort extrem wichtig. Der Hof hat seine Günstlinge, wer in Ungnade fällt, hat in Monaco kein leichtes Leben mehr. Letztlich entscheidet der Fürstenpalast, wer ein Geschäft eröffnen darf und wer seines schließen muss. Wer als Handwerker eine Projekterlaubnis erhält und wer nicht. Wer als Journalist auf den Straßen einen Film drehen darf und wer nicht. „Einmal hat sich ein Kollege von mir mit dem Palast überworfen, es ging um längere Öffnungszeiten seiner Praxis. Am nächsten Tag blieben alle Kunden aus", flüstert mir Proy verschwörerisch zu. Der Mann habe seine Praxis nach Nizza verlegen müssen.

Und doch ist Monaco attraktiv. Mehr als 500 Personen beantragen pro Jahr die monegassische Staatsbürgerschaft, meistens erhalten diese aber nur zwischen zehn und fünfzig Menschen. Solche wie Alain Ducasse, der Sternekoch, der weltweit Restaurants eröffnet und im mondänen „Hôtel de Paris" direkt neben dem Casino von Monaco Küchenchef ist.

Ich sitze mit Proy auf einer Caféterrasse und gucke auf die Hochhäuser im Siebzigerjahre-Stil. Viele sind grau, mit orangefarbenen, maximal vier Quadratmeter großen Balkonen versehen. Weil jedes Gebäude das andere zu überragen versucht, sehen die meisten Menschen auf Beton, nur die Mieter im Dachgeschoss und in den Hafenhäusern haben noch Meerblick. In Monaco lassen sich Millionäre und Milliardäre in dreißigstöckige Betonburgen zwängen, um die heimische Einkommenssteuer zu sparen. Sollte Monaco gezwungen sein, normale Steuern zu erheben, würden sich die Wolkenkratzer wieder leeren. „Monaco wird nur wegen seines Geldes geliebt, wenn das einmal ausbleibt, würden es die Menschen verlassen, so, wie Topmodels ihre greisen Partner verlassen würden, wenn sie nicht mehr Millionäre wären."

Proy deutet nahezu unmerklich auf einige Tische, an denen sehr junge gut aussehende Frauen mit sehr alten Männern sitzen. Aber bislang kommt der Palast mit seinem Steuerklau noch ganz gut durch. „Die Mächtigen werden alle ein, zwei Konten hier haben."

So monströs, wie sich die Hochhäuser aneinanderreihen, so sauber ist das Leben in den Straßenschluchten zwischen ihnen. Hier liegen keine Kaugummis auf den Bürgersteigen, die Fassaden sind frisch gestrichen, und Schilder weisen Touristen an, nicht in Badekleidung in der Altstadt herumzuspazieren. 500 Videokameras und 500 Polizeibeamte wachen über Monaco und seine 35 000 Einwohner, ein Vielfaches der Anzahl von Schutzmännern in deutschen Städten mit ähnlich hoher Einwohnerzahl.

Am frühen Abend fahre ich mit dem Zug zurück, er benötigt nur 21 Minuten nach Nizza und 45 Minuten nach Cannes. Ich bin eingeklemmt zwischen schwitzenden Anzugträgern. Der Zug ist so eng wie eine Metro in Paris. Täglich pendeln 40 000 Menschen zur Arbeit nach Monaco, wohnen können sie hier nicht. Sie strömen in die Banken, in die vielen Filialen internationaler Konzerne oder zur SBM Offshore, dem größten Arbeitgeber der Stadt mit 1300 Angestellten. Die niederländische Firma beliefert weltweit die Erdöl- und Gasindustrie, die Plattformen im Meer baut. Ihre Zentrale sitzt in Monaco, andere Filialen gibt es auf den Cayman-Inseln oder in weiteren Steuerparadiesen. Im Laufe des Jahres werde ich drei Frauen treffen, die bei SBM arbeiten, die Firma ist für Monaco etwa ein so wichtiger Arbeitnehmer wie VW für Wolfsburg. Der Arbeitsdruck ist enorm. Meine Freundin Julie hat nach ihrem ersten Kind ihren Job als Finanzanalystin fristlos gekündigt. „In Monaco und mit diesem Job kannst du eine Familie vergessen. Von früh bis spät tragen die Menschen Kostüme und Anzüge, alle sind überarbeitet. Und ich saß dazwischen und dachte an meine drei Monate alte Tochter. In der Pause habe ich auf der Toilette meine Milch abgepumpt und mich gefragt: Was mache ich hier?" Inzwischen wohnt Julie in einem kleinen provenzalischen Dorf und bereitet sich auf die Prüfung fürs Lehramt in Wirtschaftswissenschaften vor. „Das ist das Richtige, in Monaco triffst du vor allem auf Roboter."

Schon seit ein paar Jahren wird der Staat von internationalen Maklern zum teuersten Standort der Welt gekürt, weit vor Tokio oder London. Am Nachmittag stand ich staunend vor den Aushängen der Immobilienagenturen. Ein Tiefgaragen-Platz ist für 200 000 Euro zu haben. Eine 30 Quadratmeter große Einzimmerwohnung kostet 1,5 Millionen Euro, ohne Meerblick und Schnickschnack. Wohlhabende Franzosen, Amerikaner oder Italiener tauschen ein kleines Apartment gegen hohe Steuervorteile. Meistens wohnen sie natürlich nicht in den monegassischen Zimmern, sondern ein paar Autostunden entfernt in einer großen Villa mit Garten und Pool. Um der Steuer im Heimatland zu entgehen, müssen sie nur beweisen, mindestens sechs Monate im Jahr in Monaco zu verbringen. Das tun die wenigsten, aber die meisten können dies glaubhaft vortäuschen. Nur Boris Becker hat sich ungeschickt angestellt. „Manche Wohlhabende stellen extra Leute ein, die Strom verbrauchen und ihr Leben in Monaco vorgaukeln sollen", flüsterte mir Proy noch zu und guckte mich wieder verschwörerisch an.

Jean-Claude Proy hat in seiner Tieraztpraxis wohl schon viel gehört und gesehen. Denn auch wenn die Reichen ihr Frühstückscroissant nicht mehr eigenhändig kaufen, bringen sie ihre Tiere doch höchstpersönlich zum Arzt. In den einförmigen Wohnblöcken ist die Exzentrik zu Hause. So behandelte Proy die Schnecke einer reichen Erbin, die das schleimige Tier stets in ihrem Designer-Täschchen bei sich führte. Als sie immer lebloser wurde, verabreichte ihr der Arzt ein eigens erfundenes Vanillegranulat. „Es war eigentlich nur Vanillezucker", sagt Proy, wieder einmal verschwörerisch. Immerhin: Das seltsame Haustier überlebte.

Ich könnte Jean-Claude stundenlang zuhören. Ein echter Insider, aber auf die ihm eigene höfliche Art, und nie schneidet er auf. Zwei Generationen nach ihm sieht das ganz anders aus. Ich habe wohl noch nie so weltfremde und abgehobene Menschen getroffen wie an der monegassischen Hochschule, der International University of Monaco (IUM). Für eine Hochschulzeitung soll ich ein paar Studenten porträtieren, ihren Alltag im Fürstenstaat. Die IUM ist beschaulich, ein Professor kommt hier auf nur fünfzehn Studierende. Sie können neben einigen Bachelor-Programmen zwischen dem „Master in Luxury-Business Management", „Master of Finance" und dem „Master in International Business" wählen und zahlen dafür zwischen 8800 und 18 550 Euro pro Jahr. Ein amerikanisches Magazin hatte erst wenige Monate zuvor Absolventen der IUM in ihren Ferraris abgelichtet und der Hochschule ein unseriöses Image verpasst. Seitdem haben die Studis Sprech- und Fotoverbot, es sei denn, die Uni wählt sie zu Interviews aus.

Die Auserwählten sind so gebrieft, dass sie keinen natürlichen Satz mehr sagen können. „Abends gehe ich eigentlich nie aus, weil ich noch meinen Stoff wiederholen muss", sagte etwa die Gesandte Stefanie. Sie kommt zu unserer Verabredung in Jeans und schlichtem Rollkragenpullover und möchte nicht sagen, wer ihre Eltern sind und was sie nach Monaco führt. Ich frage sie nach dem letzten Unifest und wie es denn so gewesen sei. Ich erinnerte mich an Partys mit Falafelbuden, Ständen von amnesty international und ziemlich viel Bier und konnte es mir beim besten Willen nicht vorstellen, wie die Monegassen feiern. „Wir waren im Fairmont-Hotel und haben ein Menü gegessen", sagt sie. „In dem Fünfsternepalast?", frage ich. „Ja, aber sie haben uns einen guten Preis gemacht." Sie tut mir leid, weil sie sich so unwohl fühlt in ihrer Haut, und ich tue mir auch leid, weil mir für die Reportage einfach eine authentische Geschichte fehlt. Niemand interessiert sich in Deutschland für ausgedachte Geschichten von besonders fleißigen Marketingstudenten, ich selbst langweile mich schon bei ihren Antworten.

Frustriert nehme ich mein Mittagssandwich auf einer Bank vor der Uni ein. Da stöckelt eine Studentin an mir vorbei, die hüftlangen Haare in perfekte Wellen gelegt, ihr Bouclé-Blazer trägt das Chanel-Logo. „Haben Sie Zeit für ein kurzes Interview für ein deutsches Hochschulmagazin?", frage ich. „Ja, klar, immer", sagt sie und streckt mir ihre Hand mit auberginefarben lackierten Nägeln entgegen. „Ich bin Dora Bassam." Bassam schlägt vor, einen Cappuccino im Café de Paris, dem mondänen Etablissement direkt am Kasinoplatz, zu trinken. Wir nehmen unter einem schweren Lüster Platz, ein befrackter Kellner nimmt unsere Bestellung auf.

Die 25-Jährige hat ihr Rechtsstudium in Kopenhagen für ein Auslandssemester an der IUM unterbrochen. „Ich bin jung und muss die Welt sehen – warum nicht in Monaco?" Ihr Vater sei in der Hotelbranche im Libanon. Sie wohne in einem „großzügigen Loft", in der letzten Etage, und könne bei gutem Wetter bis San Remo in Italien gucken. Bassam ist so naiv und offenherzig, dass sie mir schon fast wieder sympathisch ist. Sie gibt sich alle Mühe, normal zu wirken. „Ich möchte nicht abgehoben leben", erklärt sie und schlürft an ihrem Cappuccino, für den ich später 13 Euro bezahlen werde. Die Neureichen wollten doch nur „Show" machen, sie aber suche nach Personen, die „auf dem Boden geblieben" seien. „Ich will nicht im Sternerestaurant speisen, zu Hause finde ich es viel netter." Und fügt hinzu: „Man kann doch auch einen Koch zu sich kommen lassen."

Ich hoffe, die PR-Abteilung lauscht nicht mit, und schreibe eifrig in mein Notizbuch. Dora Bassam hat ihre eigene Theorie über Luxus. „Gucci und Prada kann ja heutzutage jeder tragen, es kommt darauf an, die richtigen Leute zu kennen." Sie persönlich, verkündet sie unvermittelt, spiele gerne Golf. So passt sie zu dem Sportangebot der Universität: Studierende können golfen, segeln, Kart fahren und Tennis spielen. „Beim Golfen sind die nettesten Kommilitonen."

Wahrscheinlich gibt es tatsächlich kaum einen besseren Ort als Monaco, um vielversprechende Kontakte zu knüpfen. Vielversprechend für diejenigen, die nicht mal eben kurz die Welt retten, sondern Geld verdienen wollen. Schließlich ist in dem nur zwei Quadratkilometer großen Fürstenstaat die Millionärsdichte weltweit am höchsten. Entsprechend stromlinienförmig sind auch die Studierenden. Hier gibt es keine linksradikalen Uni-Parteien, keine Eine-Welt-Gruppen auf dem Campus, und auch die Toiletten sind nicht mit politischen Sprüchen bekritzelt, sondern klinisch rein. Das System der Wohlhabenden konserviert sich selbst. Alle paar Wochen werden sie zu einem „networking cocktail" eingeladen. Dann sitzen sie in einer der angesagten Bars, die Frauen in Stöckelschuhen, die Männer in gestärkten Hemden, und hören einem Businesstypen zu, der in Monaco wohnt, um das Heimatland um seine Steuern zu prellen. Je länger ich über diesen Staat nachdenke und je länger ich dort Zeit verbringe, umso absurder erscheint er mir.

Das Steuerparadies muss auch auf Studierende widersprüchlich wirken. Hier können Diktatoren und windige Geschäftemacher aus aller Welt residieren, viele durch den Arabischen Frühling verjagte Despoten besaßen monegassische Immobilien, beispielsweise die Familie Ben Ali aus Tunesien. „Hier sitzen alle Weltenlenker herum, die guten und die weniger guten", sagt Proy dazu. Es gibt auch einen deutschen Verein. Die Mitglieder wollen aber keine Presse empfangen, schließlich haben die nach Monaco ausgewanderten Deutschen keinen guten Ruf in der Heimat.

Iimura Nobuhiko hingegen macht keinen Hehl aus seinem Reichtum. Nobuhiko ist ein Kommilitone von Dora und offenbar auch der PR-Abteilung entkommen. Oder es interessiert ihn einfach nicht, was die eifrige Pressefrau gerne in einem deutschen Magazin lesen möchte. Vielleicht ist er die arroganteste Person, die ich in Monaco getroffen habe. Freudig zeigt der 29-jährige Japaner mir seinen liebsten Leseplatz. Nahezu täglich sitze er neben dem fünfzehn Meter langen Pool auf der Aussichtsterrasse des Fairmont-Hotels. Korrekt heißt sie „Horizon – deck, restaurant and champagne bar". Sie ist mit Palmen bestückt, von den schneeweißen Matratzen-Inseln hat jeder Gast einen Blick über das Mittelmeer bis zur wenige Kilometer entfernten italienischen Grenze.

Die kostümierten Angestellten grüßen Nobuhiko freundlich, bringen dem Stammgast ungefragt seinen Latte macchiato. Früher hat er in Tokio für die Computerfirma IBM gearbeitet. Als das Erdbeben die Atomkraftwerke in dem Industriestaat ins Wanken brachte, wollte der junge Mann mit den fein gezeichneten Augenbrauen und den langen Wimpern ein neues Leben beginnen. „Ich wollte schon immer nach Monaco", erzählt er freimütig. Als Student sei dies kein Problem. Nach seiner Masterarbeit in diesem Sommer hat Nobuhiko ohnehin schon einen Job, er wird für eine monegassische Wellnessfirma internationale Filialen planen. Ein passender Posten für jemanden, der manikürte Fingernägel hat, seine bloßen Füße in handgefertigte Lederschühchen steckt und stolz darauf ist, auf den Rosenball, den gesellschaftlichen Großevent in Monaco, eingeladen zu sein.

An diesem Morgen hat Nobuhiko nicht viel Zeit, er will noch zu den Rolex Masters gehen und sich ein Tennisturnier ansehen. Auch das alljährliche Formel-1-Rennen wird er von der Hotelterrasse aus beobachten können, sie liegt genau über der berühmten Haarnadelkurve. „Ich kann die Kurve auch von meiner Wohnung aus sehen, aber ich möchte lieber hier stehen, mit den richtigen Leuten." Die Frage nach der Finanzierung seines Studiums will Nobuhiko nicht verstehen. „Darüber denke ich nicht einmal nach", sagt er nur mit einem amüsierten Gesichtsausdruck. Ich habe keine weiteren Fragen.

Ich verbringe einige Tage zwischen Uni und Kaffeeklatsch mit Proy in Monaco, und dann rückt der große Tag schon näher: die Hochzeit. In meiner Einladung als Journalistin zur Hochzeitsfeier werde ich gebeten, ein „standesgemäßes Kleid" und Pumps zu tragen. „Hast du das gelesen?", fragt mich meine Freundin und Fotografin Rebecca. „Ja, ich weiß auch noch nicht, was ich anziehen soll." „Das Ganze ist unsinnig. Die haben keine Ahnung, wie ich arbeite". Sie schleppt meist in Turnschuhen und Jeans ihre 20 Kilo schwere Kamera und Stative mit sich herum, auf hochhackigen Schuhen dürfte das schwierig sein. „Wir können uns ja ein schickes Kleid anziehen, aber flache Schuhe", schlage ich versöhnlich vor. „Mal sehen", sagt Rebecca.

Am Hochzeitstag kommen rund 200 Journalisten, die meisten von ihnen tatsächlich im kleinen Schwarzen oder Smoking. Wir alle sind gespannt – wird die Braut auftauchen? Denn bis zuletzt kursiert das Gerücht, Charlène könne doch noch Nein sagen. Angeblich, weil sie von einer Affäre erfahren habe. Prinz Albert ist in Monaco als Schwerenöter bekannt, und Jahre zuvor hatte er, durch einen Vaterschaftstest genötigt, einer unbekannten Geliebten Alimente für ihr gemeinsames Kind zahlen müssen.

Ein englischer Journalist will von einem Flughafenangestellten in Nizza gehört haben, dass Charlène noch am Vorabend abfliegen wollte. „Die stand schon mit gepacktem Koffer am Schalter", sagt er. „Die Sicherheitsbeamten von Albert haben sie in letzter Sekunde abgefangen." Ein holländischer Radioreporter will die Geschichte auch schon in einer Bar von Monaco gehört haben, ein anderer von einer „sicheren Quelle direkt aus dem Palast". Wenige Stunden später aber sind die Gerüchte nicht mehr viel wert: Charlène taucht in ihrem weißen Brautkleid vor uns auf. Wahrscheinlich werden wir nie erfahren, ob sie frohen Mutes zum Altar trat oder nicht. Nach der Zeremonie wird sie ein paar Tränchen verdrücken. Aus Trauer? Aus Freude? „Besonders glücklich sah sie ja nicht aus", findet Rebecca, und ich stimme ihr zu. „Ist ja letztendlich auch egal. Tauschen möchte ich eh nicht mit ihr", sage ich. Monaco ist so klein. Weil es so international ist, wirkt es weltläufig, aber auf den nur zwei Quadratkilometern scheint jeder jeden zu kennen. Wahrscheinlich ist Charlène von einem selbstbestimmten Leben so weit entfernt wie nur wenige Menschen auf der Welt.

Jean-Claude Proy nimmt mich kurz nach der Hochzeit mit zum Presseclub. Es genügt nicht, wie in allen anderen Städten, Journalistin zu sein, um Mitglied zu werden. Nein, jemand muss mich mitnehmen und vorstellen. „Ich empfehle dich gerne", sagt Jean-Claude. Die Treffen finden frühmorgens um acht Uhr im Yachtclub statt, auch das ist mir suspekt – normalerweise versammeln sich Journalisten eher abends zu einem Apéro und nicht in aller Herrgottsfrühe. Proy holte mich schon um sieben Uhr in Nizza ab. Vierzig Minuten später versinken wir in tiefen Teakholzsesseln, flinke Kellner servieren Kaffee und für einige meist ältere Männer auch Whiskey. Ich fühle mich ein wenig wie in einem James-Bond-Film und bin zugleich angezogen und abgestoßen.

Die Veranstaltungen des Clubs laufen immer gleich ab. Wahlweise kommt die Theaterdirektorin, der Polizeichef oder die Wirtschaftsministerin zum Interview. Fragen werden aber kaum gestellt, meist hält der Gast ein Referat über das „vielversprechende" Programm, ein neues Handelsabkommen mit Simbabwe oder die besonders hohe Sicherheit im Staate Monaco. „Noch Fragen?", ruft dann der Präsident des Presseclubs in die Runde. Die Journalisten schweigen. Eine Hand hebt sich. „Wie haben Sie es geschafft, so ein außergewöhnliches Ensemble zusammenzustellen?", will ein Journalist der *Monaco Matin* von der Theaterdirektorin wissen. „Unsere Lebensqualität, der gute Ruf des Hauses, die tollen Verwirklichungsmöglichkeiten ...", wird diese antworten. Die Journalisten schreiben eifrig mit, am nächsten Tag wird die *Monaco Matin* über das „außergewöhnliche Ensemble" am „besten Haus Europas" berichten. Jean-Claude nickt mir aufmunternd zu. Ich schlürfe an meinem Cappuccino. In meinen polierten Yachtsessel versunken fällt mir absolut keine passende Frage ein.

Manchmal fühle ich mich in Monaco wie in *Brave New World*, die Menschen reden im monegassischen Neusprech. Ich frage die Pressestelle der Polizei nach einer offiziellen Kriminalstatistik. „So etwas haben wir nicht", sagt die Frau am Telefon. „Wann war denn der letzte Mord?", versuche ich es mit einer Schockfrage. „Ach, seit Jahren ist hier nichts Vergleichbares passiert." „Ich habe aber doch vor Kurzem im Radio von einer tödlichen Schießerei gehört", erwidere ich. „Ach, wissen Sie, die Medien ..." Es ist sinnlos, ich verabschiede mich.

In Monaco scheinen selbst die Verbrechen ungewöhnlichen menschlichen Tragödien zu folgen. Proy erzählt mir später bei einem Kaffee in der kleinen und hübschen Altstadt von Monaco vom libanesischen Banker Edmond Safra, einem der reichsten Menschen der Welt, der im Fürstenstaat seinen Lebensabend verbringen wollte. Safra litt im Alter an Parkinson und war in seinem Penthouse in der Nähe des Hafens ständig von zwei Krankenpflegern umgeben. Offenbar konkurrierten die beiden um seine Gunst. „Und einer von ihnen legte eines Abends Feuer in einem Abfalleimer, um dann Safra retten und vor ihm als Held dastehen zu können." Proy ist wirklich ein guter Erzähler. „Der Brand geriet außer Kontrolle, die Flammen züngelten sich an den schweren Gardinen ins Zimmer entlang. Sofort war die Feuerwehr da, schließlich sind die Wege in Monaco kurz. Aber Safra war so misstrauisch. Zeit seines Lebens hatte er Angst um sein Geld. Als die Feuerwehrmänner die Treppe hochstürzten, verrammelte er die Tür. Wenige Minuten später war er erstickt." Proy guckt mich vielsagend an. „Den hat sein Geld umgebracht."

Juli

KANN DER SOMMER ZU HEISS SEIN? Ich dachte immer: Nein, auf keinen Fall. Ist es heiß, springe ich eben ins Meer und wandele in T-Shirt-Kleidern durch die Stadt, so träumte ich im Frühling. Aber in Nizza ist nicht nur der Tag heiß, sondern vor allem die Nacht. Das Meer speichert die Wärme, die hohen Berge kesseln sie ein. Dicht bebaute Straßen strahlen sie ab, und selbst um 23 Uhr laufe ich noch im Top durch die Straßen, einige Engländerinnen sogar im Bikini. Wenn wir vergessen, die Butter nach dem Abendbrot in den Kühlschrank zu stellen, ist sie am nächsten Morgen zerflossen. Ich fühle mich wie in einer Dauersauna. Immer mal wieder gucke ich Richtung Himmel, ob nicht doch ein paar Wolken aufziehen.

Viele Niçoiser aber werden in kühlen Räumen schlafen können – an ihren Häusern hängt außen der Kasten einer Klimaanlage. Wir gehören zu den wenigen, die keinen Kasten an der Hauswand haben, daran hatte der knauserige Dr. Grün natürlich auch gespart. Wir kaufen uns einen Ventilator, aber der brummt neben meinem Kopf. Hans nervt das auch, und er fängt an, etwas zu bauen. Am Abend hat er die zerschlissene Balkonmatratze vor das Fenster geschoben, um den Raum auch ohne Jalousie abzudunkeln, und den Ventilator in eine Ecke des Balkons gestellt. Die Nacht hindurch lassen wir ihn die geringfügig kühlere Luft ins Zimmer blasen. Wahrscheinlich bringt das nur ein Grad, aber irgendwie habe ich das Gefühl, etwas gegen diese Hitze zu tun. Morgens sitze ich im Badedress vor dem Computer, und bis mittags um zwölf habe ich zwei Liter Wasser getrunken. Selbst das Wasser in der Dusche ist pipiwarm. „Du hast Probleme", seufzt meine Freundin Katrin am Telefon. „Wir warten seit Wochen auf einen warmen Tag, ich hatte noch nicht einmal Sandalen an", klagt sie. Sie hat recht. Fast wäre ich in den Modus der Niçoiser gefallen, entweder über den scheußlichen Regen zu schimpfen, der im Sommer einmal im Monat herabfällt, oder die Hitze zu verfluchen, jedenfalls nie zufrieden zu sein.

„Erst hatten wir keinen Frühling und jetzt diese Hitze", sagt die Bäckerin. „Aber wir haben doch alle auf den Sommer gewartet", sage ich beschwichtigend. „Ja, aber das ging jetzt alles viel zu schnell", sagt sie etwas pampig. Zwei weitere Kunden nicken. „Das geht auf den Kreislauf", sagt eine junge muskulöse Frau.

Ich gehe mit meinem schon auf dem Weg angetrockneten Baguette nach Hause und will mal wieder duschen. Barfuß laufe ich über den Marmor, der Boden ist nass. Zuerst denke ich, ich würde fürchterlich schwitzen, aber dann sehe ich, wie Tropfen aus dem Kleiderschrank auf den Boden fallen. Unser Wasserboiler streikt. Weil es so warm ist, trocknet der Boden schnell ab, aber schließlich werden es doch kleine besorgniserregende Pfützen zwischen Bett und Kühlschrank. „Ist bestimmt nur vorübergehend", sage ich. Am nächsten Morgen ist die Pfütze schon ins Bad gelaufen, am dritten Tag ist die Salatschüssel unter dem Boiler übergelaufen.

Wir haben Angst, dass der Boiler mit seinen 200 Litern Wasser platzt und uns die Bude überschwemmt. Dr. Grün ist sicherlich nicht versichert. „200 Liter Wasser macht rundherum einen Zentimeter Wasser und noch viel mehr, falls wir nicht sofort den Haupthahn abdrehen können", sagt Hans, genug also, um alle Sachen zu beschimmeln und Computerkabel kurzzuschließen. Wir rufen die freundliche Maklerin Sophie an, sie will sich sofort kümmern. Zwei Tage später haben wir immer noch nichts gehört. Ich denke sofort an das legendäre Buch *Mein Jahr in der Provence* von Peter Mayle, der auf über 300 Seiten vornehmlich über seine vielen verzweifelten Versuche berichtet, Handwerker zum Arbeiten zu bringen. Monatelang saß er ungeduldig auf seiner Baustelle rund 200 Kilometer westwärts von uns. Maurer, Klempner und Zimmermänner kamen immer nur sporadisch vorbei oder gar nicht mehr. Schließlich verspricht er ein sechsgängiges, selbstgekochtes Menü, um die Südfranzosen zu motivieren. Sein Plan funktioniert: Endlich wird sein Badezimmer gefliest, werden die Leitungen in den Dachboden verlegt. Mayle war am Rande eines Nervenzusammenbruchs. Der Mann war kein Einzelfall, sein Roman die pure Wahrheit.

Drei Tage später rufen wir Sophie an. „Ich habe versucht, ein paar Handwerker zu erreichen, aber sie reagieren nicht. Ich warte noch auf ein paar Rückrufe. Ihr müsst hier Geduld haben." Habe ich aber nicht. Das Wasser tropft. Und einige heiße Julitage später meine ich auch schon, rostige Stellen am Boiler zu sichten. Vorsichtshalber stelle ich den Dreifachstecker für den Computer hoch. Ich rufe abwechselnd Sophie und wahllos Klempner an, keiner geht ans Telefon. Und es tropft, inzwischen kann ich das Plätschern sogar hören. Auf dem Flur frage ich aus Verzweiflung die italienische Nachbarin nach einem guten Klempner. „Aber ja doch, ich kenne einen ganz findigen Handwerker." Ich bin erleichtert. „Ist er denn Klempner?" „Serge macht alles", sagt sie. Er sei gerade dabei, ihr Badezimmer zu kacheln, ein netter Typ.

Ich rufe Serge an. Er hebt nach dem ersten Klingeln ab. „Ja, klar, kein Problem, ich habe noch einen fast neuen Boiler hier rumstehen, den kann ich euch leihen." Der fasse allerdings nur 100 Liter. Wieso denn leihen? „Na, bis ihr einen größeren Boiler gefunden habt." Kann er, der Handwerker, nicht einen größeren finden und an uns verkaufen? „Ich will euch ja nur helfen." Dann eben der kleinere Boiler, Wasser zu sparen ist ja eh gut, und wer will in der Hitze schon ständig baden? Also setzen wir alles auf Serge. Sophie geht wieder ans Telefon und findet die Idee mit dem Leihen auch gut. „Wir haben ja keine andere Option", sagt sie. 200 Euro fürs Einbauen seien auch okay. „Nimm Serge, wir finden so schnell niemand besseren."

Am Abend will sich Serge melden, wann er vorbeikommen kann. Wir sitzen neben dem Telefon, die Füße in den Pfützen, nichts tut sich. Entnervt gehen wir ins Bett. Wir haben einfach noch nicht die Leichtigkeit von Südfranzosen erlangt. Die rechnen erst gar nicht damit, dass alles wie am Schnürchen klappt. Zeitangaben sind ungefähre Ideen.

Am nächsten Morgen ist die Pfütze noch größer, inzwischen stellen wir schon Kochtöpfe unter den Wasserspeicher. Ich rufe Serge an. Gut gelaunt hebt er ab, ich bin ganz überrumpelt. „Oui oui, ich kann morgen früh vorbeikommen." Geht doch, denke ich, wer weiß, ob das in Bochum schneller geklappt hätte. Am nächsten Tag kommt Serge eine Stunde zu spät, hat aber den kleinen Boiler dabei. Sieht fast niedlich aus neben dem Megaboiler von 200 Litern, den wir vorher hatten. Serge weiß Bescheid, er trinkt zwei kleine schwarze Kaffees, und nach zwei Stunden hängt sein Wasserbehälter bei uns im Schrank, der alte ist per Aufzug schon in seinen Caravan verladen. Ich frage ihn, warum wir keinen Handwerker erreichen. „Och, das läuft eigentlich alles über Mund-zu-Mund-Propaganda." Fremden Leuten würden seine Kollegen misstrauen. „Da kann ja jeder anrufen." Ich bin froh, direkt die Nachbarin erwähnt zu haben, sonst hätte Serge wahrscheinlich auch wieder aufgelegt.

Schließlich kommt es zur Zahlstunde. Wir warten auf die Rechnung oder einen Pfandschein oder irgendwas. Aber Serge sagt einfach nur: „Na dann, wie vereinbart 200 Euro."

Wir drücken sie ihm in die Hand, er stopft die Scheine in die Hosentasche seiner Jeans und zieht von dannen. Dafür habe ich mir auch die Frage verkniffen, wann er denn seinen Leihboiler wieder zurückhaben wolle. Vielleicht nie. Wahrscheinlich habe ich das Wort leihen wieder peinlich genau und urdeutsch missverstanden. Es ist eher ein Synonym, jemandem auszuhelfen und dann mal abzuwarten.

Serge hatte gesagt, nach zwei Stunden sei das Wasser aufgeheizt. Um ein Uhr will ich Nudeln kochen und warte auf warmes Wasser. Es bleibt lau, der Boiler fühlt sich seltsam kühl an. „Serge hat uns veräppelt", denke ich. Das alte Ding war von Anfang an Schrott. Sofort rufe ich auf seinem Handy an. Eine französische Automatenstimme sagt, die Nummer sei nicht mehr vergeben. Ich schreibe ihm zwei E-Mails, gucke auf seiner Homepage nach der Adresse. Er wohnt eine Stunde entfernt in einem Bergdorf. „Wahrscheinlich hat er uns einen kaputten Boiler angedreht", sage ich zu Hans. „Und jetzt müssen wir einen Handwerker finden, der uns den wieder ausbaut und für viel Geld einen neuen einbaut." Wir gucken uns an, Panik in den Augen. Wir beide wissen, dass wir in diesem Sommer niemanden mehr finden werden. Ich habe alle Klempner in den Gelben Seiten erfolglos angerufen, und Sophie würde uns auch nicht mehr helfen können. Am späten Nachmittag ist Hans schon kurz davor, mit dem Roller zu Serges Haus zu fahren und ihm einen Zettel zu hinterlassen, falls er nicht da sein sollte.

Ein letztes Mal rufen wir auf seinem Handy an. „Oui, âllo?", schallt es uns sofort entgegen. „Äh, hallo Serge, das Wasser wird nicht warm." „Ah oui oui, wahrscheinlich müsst ihr noch den Hebel untendrunter umlegen, das habe ich vielleicht vergessen." „Wir konnten Sie gar nicht erreichen", sage ich noch. „Ich hatte heute ein Problem mit meinem Telefonanbieter", sagt Serge. Eine Stunde später ist das Wasser warm, der Boiler funktioniert.

Ich glaube, die meisten Deutschen verzweifeln an den südfranzösischen Handwerkern. Vor allem diejenigen, die sich ein romantisches Steinhaus kaufen, an dem noch eine Menge zu renovieren ist. In der *Riviera Côte d'Azur Zeitung*, der einzigen deutschsprachigen Zeitung vor Ort, lese ich diese Anzeige: „Suchen Gärtner für unser Haus. Keinen Allrounder, sondern zuverlässigen Mann, der unsere Liste Punkt für Punkt abarbeitet." Ich wette ein Vermögen, dass sich niemand auf diese Annonce gemeldet hat. Außer vielleicht ein deutscher Handwerker, der an diesen Befehlston gewöhnt ist und einen pedantischen Kunden sucht. Etwas „abarbeiten" kann kein Südfranzose. Und Allrounder sind sie alle. Eine Woche später treffe ich die Nachbarin auf dem Flur, sie warnt mich eindringlich vor Serge. „Der hat mein halbes Badezimmer gefliest und ist seitdem nicht mehr aufgekreuzt. Ich habe ihm schon vier Mal auf den Anrufbeantworter gesprochen", sagt die rundliche Mamma entrüstet. Da haben wir wohl noch einmal Glück gehabt.

Es ist heiß, und ausgerechnet jetzt beginne ich mit dem südfranzösische Lieblingssport: Rugby. Wer im Ruhrgebiet ankommen will, muss ins Stadion, wer in Nizza dazugehören will, muss aufs Rugbyfeld. An Hans' Observatoire spielen die Frauen einmal wöchentlich Rugby, ich schließe mich der Gruppe an. Jeden Donnerstagabend werde ich nun mit jungen Frauen um den Eierball kämpfen. Zum Aufwärmen rennen wir viermal um den Sportplatz herum, ich fühle mich wie beim Schulsport. Nur dass es draußen 30 Grad hat. „Das Schwierigste ist, rückwärts zu werfen", sagt Trainerin Aurélie. „Der Ball muss immer nach hinten geworfen werden."

Letztlich ist Rugby simpel: In langen Reihen bewegen sich die Spieler vorwärts und versuchen, den Ball hinter der gegnerischen Punktlinie auf dem Boden zu platzieren. Je nach Variante darf der Gegner umgerempelt oder aber, wie in unserem Fall, nicht berührt werden. Wir spielen Touch-Rugby, die ungefährliche Variante des harten Sports. Ein wenig bin ich enttäuscht, ich hätte mich gerne auch gerangelt, aber ich kenne die Liste der Verletzungen von Hobby-Rugby-Geschädigten: Die Hälfte der Wissenschaftler am Observatoire hat sich abwechselnd den Knöchel verstaucht, die Hand gebrochen, Bänder gerissen oder Platzwunden am Auge. Dann doch lieber körperlos spielen. „Das ist technisch mindestens genauso schwierig", sagt Aurélie. „Außerdem kriegst du davon nicht so einen Stiernacken." Das ist ein Argument. Aurélie kommt aus dem Bergdorf der Savoyen, ihr Lieblingsessen ist die Tartiflette, ein Kartoffelauflauf mit viel Speck und Käse, und sie kann unglaublich schnell sprinten. Ich bin froh, sie gefunden zu haben.

Im Nachbarland war das Spiel der fünfzehn immer mindestens so wichtig wie Fußball. Bei großen Spielen sitzt die Nation vor den Bildschirmen der Bars und verfolgt das Spiel. Erst kurz zuvor hatte es die Nationalmannschaft ins WM-Halbfinale gegen die neuseeländischen All Blacks geschafft. Weiter kamen die Franzosen leider nicht. Schon nach dem Halbfinalsieg gegen Wales lästerten die Neuseeländer ausgiebig über die französische „équipe tricolore". Viele Kommentatoren befanden die Qualifikation der Franzosen für das Finale eine „Beleidigung für den Wettbewerb" und „beschämend".

„Die sollen sich bloß nicht so wichtig nehmen", sagt die Bäckersfrau. „Wir sind eine große Rugbynation." Sie hat recht. Auch wenn viel über die französische Mannschaft geunkt wird, hat sie es doch in den vergangenen Jahrzehnten auf internationalem Niveau immer weit gebracht. Nach 1987 und 1999 stehen die Franzosen zum dritten Mal im Finale. Das sonst sportlich ähnlich erfolgreiche Nachbarland hat beim Rugby einen nahezu unaufholbaren Vorsprung vor Deutschland: Noch nie konnte sich die Auswahl des deutschen Rugby-Verbandes (DRV) für eine Weltmeisterschaft qualifizieren.

Traditionell stark ist Rugby in den früheren Gebieten des britischen Commonwealth. Obwohl politisch unabhängig, hat sich Frankreich in diese Riege geschummelt und das Spiel in der zweiten Hälfte des 19. Jahrhunderts übernommen. Seitdem ist der Süden des Landes besonders auf das Ballspiel fixiert. Die erfolgreichsten Vereine kommen aus Bordeaux, Narbonne, Toulouse, Montferrand und Perpignan.

In einigen südwestfranzösischen Landstrichen ist Rugby das wichtigste Kulturgut. Im hübschen Städtchen Gruissan bei Narbonne etwa regiert seit zehn Jahren der frühere Nationalspieler Didiers Codorniou mit haushohen Mehrheiten. In Frankreich genießen Rugby-Spieler höchstes Vertrauen, und so hat es der frühere Nationalspieler auf Anhieb vom Feld ins Rathaus geschafft. Auch wenn er sich inzwischen mit seiner früheren Partei, den Sozialisten, überworfen hat, ist Codorniou der Star der Kommune.

„In meiner Familie war Rugby viel wichtiger als Fußball, wir haben samstags immer zusammen die Spiele vor dem Fernseher geguckt", sagt Aurélie. „Erst als unsere Elf mit Zidane 1998 die Weltmeisterschaft hier bei uns gewann, ist auch bei uns das Fußballfieber ausgebrochen. Aber inzwischen haben sie uns ganz schön enttäuscht", sagt Aurélie, während wir ein paar Runden durchs Stadion laufen. „Die Fußballer haben einfach den Durchblick verloren. Sie haben gestreikt, sind mit Minderjährigen ins Bett gestiegen und spielten total unmotiviert. Na ja, mir soll es recht sein, dafür wurde das Rugby wieder beliebter." Aurélie hat recht: Die schweren Jungs strahlen von Magazintiteln und animieren Soziologen zum Philosophieren über das neue Heldentum und die Suche nach starken Vorbildern.

Der frühere Nationalspieler Sébastien Chabal ist so ein Vorbild. Er ist der Prototyp des virilen Mannes, der in den französischen Medien mit Beschreibungen wie „ehrenhaft", „charakterlich stark" und als „eigensinniges" und „nettes Monster" hochgejubelt wurde. Der 1,92 Meter große, bärtige Spieler mit den animalisch langen Haaren wirbt für eine Parfum-Marke, eine Krankenversicherung, einen Autohersteller, Bordeaux-Wein und Web-Poker. Die millionenschweren Verträge des Muskelpakets sollen mit denen der Fußballstars Franck Ribéry und Thierry Henry konkurrieren und ihm vorschreiben, weder seinen Bart noch seine schulterlangen Haare kürzen zu dürfen. In Frankreich gelten die häufig lädierten Spieler als Gentlemen, Rugby insgesamt als Sportart der höheren Klassen.

Ich kann den Hype nicht teilen. Chabal bringt in Interviews kurze Sätze daher, die weder besonders geistreich noch stark klingen. „Ich habe noch keinen großen Fehler begangen", sagt er etwa. Oder: „Ich mache die Werbung nicht für Geld. Ich mag die Produkte wirklich sehr gerne." Ich kann mir kaum vorstellen, dass der Hüne sich die rosafarbene Schweizer Uhr, die er auf Plakaten trägt, privat wirklich ums Handgelenk binden würde.

Meine Frauenrugbygruppe findet Chabal allerdings sexy. Vielleicht auch, weil er das Gegenteil von den sonst eher kleinen und schmalen Franzosen darstellt. „Ihr im Norden, ihr habt ja viele richtig große Männer, richtige Wikinger", sagt Rehab, eine italienische Mitspielerin. Der Vergleich begegnet mir häufig. Wikinger, groß, kräftig – für die Südeuropäer scheinen die Deutschen noch immer wahre Kampfmaschinen zu sein. Mit jeder Bemerkung fühle ich mich mit meinen überdurchschnittlichen 1,71 Meter etwas größer. Auch mein Wanderverein redet bis heute über mich als Wikingerin. Angekommen auf den Gipfeln sagt immer mindestens einer der hageren Franzosen: „Da kommt die Deutsche schon an, na, ihr seid ja auch robust", und knufft mir in die Seite.

Robust zu sein bringt beim Touch-Rugby keinen Vorteil. Wichtiger ist es, flink rennen zu können und den Ball geschickt zu werfen. Die Franzosen lernen das von Kindesbeinen an. Schon früh wird der Nachwuchs im Rugby-Verein angemeldet, auch an den Hochschulen gehören die Spielvereinigungen so selbstverständlich zum Campus wie Fußball. Mehr als 400 000 Mitglieder zählt die Rugby-Vereinigung FFR, während im deutschen Rugby-Verband nur rund 12 000 Personen spielen. Die Zahlen des FFR sind in den vergangenen zehn Jahren rasant angestiegen. Zum Nutzen ihrer Nationalmannschaft: Die fünf Nationen mit den meisten Rugby-Amateuren England, Australien, Südafrika, Neuseeland und Frankreich haben die Weltmeisterschaften seit 1987 unter sich ausgemacht.

Unser Team spielt glücklicherweise nur zum Spaß und teilt sich den Sportplatz mit Runde um Runde laufenden Leichtathleten. In den ersten Stunden fällt es mir immer noch schwer, das ovale Ding nach hinten und meinen Mitspielerinnen in die Arme zu werfen, aber schließlich kommt so etwas wie ein Spiel zustande. Wenn wir um 20 Uhr fertig sind, bin ich fix und alle. Das ständige Lossprinten ist anstrengend. „Jetzt gibt es noch einen Apéro am Meer", verkündet Aurélie. Das ist das Tolle an Südfrankreich: Im Sommer können wir jederzeit picknicken. Wir essen Chips und trinken Bier, und mit jedem Schluck komme ich mir mehr vor wie ein kräftiger Chabal.

Als die Sonne langsam im Meer versinkt, springen wir ins warme Wasser. Neben uns spielen skandinavische Touristen auf der Gitarre, eine japanische Reisegruppe vertilgt Unmengen von Baguettes. An den Sommerabenden ist der Strand von Nizza fast so voll wie zur Mittagszeit. Für mich ist es dann der schönste Ort der Welt. In der Dämmerung gehen die 120 Laternen der Promenade an und tauchen Palmen und Spaziergänger in ein helles Licht. Der Zitadellenberg und seine Wasserfälle werden angestrahlt – eine magische Stunde. Ich lasse mich im Wasser treiben. Plötzlich ein stechender Schmerz. Eine Qualle hat sich in meinen Unterarm verbissen. Es brennt so, als hätte jemand kochendes Wasser über meine Haut gegossen. Heftig rudernd kann ich die Tentakel abwimmeln und mich ans Ufer retten.

Für die nächsten beiden Stunden bin ich außer Gefecht gesetzt. „Du musst das Glibberzeug mit einer Kreditkarte oder irgendeinem festen Gegenstand abkratzen", sagt Rehab. Sie ist als Süditalienerin noch schlimmere Quallenplagen gewöhnt. An der Côte d'Azur kreuzen die Tiere nur alle paar Wochen auf und auch nicht jedes Jahr. Vor manchen kleinen Stränden werden die Medusen mit großen Netzen abgefangen. An der kilometerlangen Promenade in Nizza ist dies aber unmöglich.

Ein roter Striemen überzieht meinen Unterarm. Jammern kann ich aber nicht so gut: Die Rugbyfrauen zeigen mir ihre Narben von früheren Quallenangriffen. Rehab hat einen Tentakelabdruck am Knöchel, Naomi am Rücken. „Mit den Jahren werden sie aber blasser", sagt Rehab, „morgen früh wirst du auch nichts mehr spüren." Ich versuche, den Quallenbiss als nette Erinnerung an ein abendliches Meerbad zu deuten, und habe nun mein persönliches Nizza-Branding.

Einige Städte der südfranzösischen Côte d'Azur zählen an Julitagen mehrere hundert Personen, die von den Tentakeln der Meerestiere verletzt werden. An manchen Stränden zwischen Saint-Tropez und Nizza hissen die Bademeister immer wieder die rote Flagge – dann ist das Baden verboten. Ein Albtraum für viele Urlauber. Schon im Frühjahr beobachteten Forscher Quallenschwärme unweit des Ufers. Mit den Strömungen gelangen sie dann an die Strände, denn die Nesseltiere mögen warmes Wasser.

 Mein Quallenstich gab mir die Idee für eine Reportage über die Tierplage. Im benachbarten Villefranche erforschen ein Dutzend Biologen rund um die Uhr die Meerestierchen. Ich besuche sie einige Tage später in ihren Büros mit Meerblick. Die Arbeit muss ein Traum sein, direkt am Wasser gelegen. „Die Quallen sind sehr mühsam zu erforschen", sagt mir aber Léo Berline, ein junger Doktorand mit kurzen und ausnahmsweise blonden Haaren. Anderen Meerestieren könne man Ortungsgeräte oder sogar Kameras auf den Rücken schnallen – dafür seien Quallen aber zu fragil. Deshalb bleibt Léo und seinen Kollegen nur eines: das persönliche Beobachten der Tiere.

 Wenn es dunkel wird, fahren die Wissenschaftler auf ihrem Forschungsschiff ins Mittelmeer hinaus und fangen an zu zählen: Die Nacht hindurch sichten sie von Bord aus Feuerquallen. Das Ziel der Forscher des „Observatoire Zoologique": Das Auftreten der „Pelagia noctiluca" an den Küstenstränden künftig vorhersagen zu können. „Bislang ist noch weitgehend unbekannt, warum und wann die Qualle manchmal für Urlauber zur Plage wird", sagt Léo. Ich bin überrascht, wie unerforscht die Tiere noch sind. „Ja, die Öffentlichkeit überschätzt uns Wissenschaftler immer", lacht Berline. „Sie schreiben doch jetzt wahrscheinlich auch, wir könnten bald die Plagen vorhersagen, oder? Sicher ist das aber noch nicht."

Ich fühle mich ertappt. Berline hat recht: Zeitungen funktionieren eben nur über Aussagen, „Vielleicht-Titel" möchte niemand lesen. Einen Artikel namens „Vielleicht werden Zoologen in Villefranche in vielen, vielen Jahren die Quallenplage einschätzen können" kann ich nicht abliefern, auch wenn es wahr ist. In Wirklichkeit sind selbst die kleinen Glibbertiere noch ein Mysterium und müssen trotz aller Technik von einem Schlepper aus beobachtet und gezählt werden.

Die Prognose ist ungemein schwierig. Sind der Wind und die Strömung schwach, bleiben die Quallen weit draußen im Meer, ist beides hingegen stark, verharren die Tiere tief unten im Wasser und bewegen sich nur sehr wenig fort. „Letztendlich sind Quallen sehr sensible Tiere", sagt Berline. „Sie reagieren auf jede noch so kleine Veränderung." Der Biologe zeichnet mit seinen Armen eine Wellenbewegung nach. Ich vermute, dass er über die Jahre die Pelagia richtig liebgewonnen hat, so einfühlsam spricht er über ihre Bedürfnisse.

Das tun aber nur wenige. Die Invasion an den Badestränden ist auch menschengemacht: Bei der Überfischung der Meere werden viele Säugetiere ausradiert, die sonst mit den Medusen um Nahrung konkurriert hätten. „Die Quallen brauchen heute nur ihre Tentakel auszufahren und haben schon ihre Tagesration an Kleinsttieren und Plankton", sagt Berline. So steigt die Zahl der Quallen jedes Jahr an. Berline zeigt mir eine Grafik, die den unendlichen Kreislauf im Meer zeigt: Mindestens ein Dutzend Pfeile weisen auf das Wasser – Pfeile, die jeweils für eine Veränderung stehen. Der Klimawandel ist ein besonders dicker Balken, er heizt die Meere zusätzlich auf, die Tiere reproduzieren sich häufiger.

Außerdem wird das Wasser insgesamt saurer, Korallen und Fischskelette werden weicher, die Beute der Quallen ist also leichter zu verspeisen.

Längst aber ist die Bedeutung der kleinen Tierchen für die Ozeane noch nicht ausreichend erforscht. Kalifornische Wissenschaftler, erzählt Berline, machen inzwischen die Quallen für die Umwälzung des Meerwassers verantwortlich. Wenn sie sich vom Grund an die Oberfläche begeben, befördern sie durch Kontraktionen kühleres und nährstoffhaltiges Wasser aus der Tiefe nach oben. „Wir vermuten, dass Quallen ähnlich wichtig für den Kreislauf der Ozeane sein können wie Winde und Gezeiten." Also können die kleinen Tiere auch nützlich sein.

Im Sommer können Schwimmer den Pelagia-Schwarm auf der Seite des Forschungsinstituts verfolgen – aber nur in Echtzeit oder wenige Stunden vor dem Auftreten, langfristige Prognosen sind bislang unmöglich. Dafür wird die Côte d'Azur bislang von großen Algenplagen verschont. Und die Temperatur des Wassers ist perfekt, finde ich. Meine Rugby-Freundin Rehab stimmt mir zu. „Hier kann ich mich im Mittelmeer noch erfrischen." An den kalabrischen Stränden sei das Wasser viel zu warm. Rehab verhält sich im Sommer wie die meisten Südeuropäer: Sie meidet die Sonne. Ihre Wohnung in der Nähe des Hafens von Nizza hat einen kleinen Balkon, aber auf ihm steht nur Gerümpel. Nie würde sie sich darauf in einen Liegestuhl legen. „Das machen nur bleiche Nordeuropäer." Auch ich bemerke schon, wie ich nach einem halben Jahr an der Côte d'Azur seltener das Licht suche. Ich trage Sunblocker auf, und manchmal halte ich sehnsüchtig Ausschau nach ein paar Wolken.

Nur für Hans kann es gar nicht sonnig genug sein. „Im Grunde meines Herzens bin ich Nordafrikaner", sagt er immer. „Ich bin nur im falschen Land und mit einer viel zu hellen Haut geboren worden." Hans rennt selbst in der Mittagsglut die Promenade auf und ab und trinkt dabei einen Liter Wasser. Schweißgebadet und glücklich kommt er dann in die Wohnung zurück, duscht und legt sich mit einem Physik-Aufsatz wieder nach draußen. Mein künftiger Mann sehnt sich nicht nach Bochum zurück, dafür geht es ihm hier im Süden viel zu gut. Ich sehe täglich, wie fröhlich und unbeschwert er durch den Alltag schreitet. Von unserem Balkon in Nizza aus strahlen die Farben der Côte d'Azur, das Meer ist türkisfarben, die Altstadt leuchtet in Vanillegelb und Orange, und am Abend senkt sich die Sonne kupferrot ins Meer. Der Blick ist unverschämt toll. Als ein deutscher Kollege von Hans uns besuchte, betrat er unser Studio, schaute aus dem Fenster und sagte aus tiefster Seele „du Arschloch" zu Hans. Der Physiker ist sonst ein höflicher Typ und gar nicht ausfallend, aber das Panorama ist schmerzhaft überwältigend.

August

DER SALADE NIÇOISE IST EIN HEILIGTUM an der Côte d'Azur. Tatsächlich gibt es im heißen Sommer nichts Leckereres als diese kalte Platte. Das Originalrezept besteht aus Tomaten, Gurken, dicken Bohnen, Thunfisch, Artischocken, Zwiebeln, Anchovis und hart gekochten Eiern. Dazu reichlich Olivenöl, aber auf keinen Fall Essig. Die Aufregung um ein falsch ausgelegtes Rezept ist alle paar Wochen ebenso groß wie um das echte Pan Bagnat, ein großes rundes Brötchen mit – genau: Tomaten, Gurken, Bohnen, Zwiebeln, Anchovis und hart gekochten Eiern, mehr oder weniger also ein Salade niçoise im Brot.

„Das ist ein echtes Pan Bagnat", sagte mir die Bäckerin verschwörerisch und klappte die beiden Brötchenhälften zum Beweis auf. Ich hatte gar nicht daran gezweifelt, aber sie war stolz darauf, es mir zu zeigen. Bewundernd guckte ich auf ihren Snack. Sie nickte noch einmal dazu und nahm mir die üblichen 4,50 Euro ab.

Mit ihren Spezialitäten spaßen Franzosen nicht. Eines Abends hatten Sterneköche in der Fernsehsendung *Masterchef* den Salade niçoise mit gekochten Bohnen und Kartoffeln zubereitet. Die Südfranzosen waren empört. Das Gericht muss unbedingt aus rohen Zutaten bestehen. „Unser Salat wurde wieder einmal misshandelt", titelte die *Nice Matin* am folgenden Morgen. Auf Facebook empörten sich die Niçoiser über den „fatalen Fehler" der Starköche, sie bewerteten den Salat mit den gekochten Zutaten als „Suppe" und die Sendung als „völlig fehlgeleitet". Selbst der Chef des Touristenbüros in Nizza sagte in einem Interview: „Wie konnten sich die Köche nur so schwer irren? Der Salat ist einer der Grundpfeiler der französischen Küche." Für die Niçoiser ist das Gericht offenbar ein Grundrecht, das nie verändert werden kann. „Wer das Rezept überarbeitet, verunglimpft die Identität der Bürger und tritt unsere Geschichte mit Füßen."

Hans und ich überlegen, wie wir bei unserer Hochzeit essen gehen könnten, und entscheiden uns für ein Picknick. Schließlich wird es warm sein und die Sonne scheinen, es ist ja August. Wenn wir schon in Südfrankreich fernab von der Familie heiraten, dann soll auch alles anders sein. Also keine Partyzelte, keine Hochzeitstorte mit Plastikpaar obendrauf und keine Luftballon-Spiele. Unsere Arbeit lässt uns eh keine Zeit für eine ausgefeilte Planung. Und ohnehin: Erst eine Woche vor unserem Termin erhalten wir die Bestätigung für die Zeremonie im Rathaus. Unsere Hochzeitsringe von einem windigen Juwelier in der Einkaufsstraße sollten auch schon seit Wochen fertig sein. Schließlich können wir sie 48 Stunden vor dem Tag X abholen. „Reicht doch locker." Hans hat mich inzwischen charmant zur „Madame catastrophe" umgetauft, weil ich häufig urdeutsch das Schlimmste befürchte. Inzwischen mache ich mir sogar Sorgen, ob wir das Jahr ausreichend genießen. Wie viel Freude muss sein, um der Schönheit des Ortes gerecht zu werden? Erlebe ich auch jeden Augenblick bewusst genug? Meistens aber bin ich mit unserem Enthusiasmus zufrieden. Abends stehen wir minutenlang selig vor dem Sonnenuntergang.

Eine Woche vor unserer Trauung gehe ich zum Friseur. Seit fünfzehn Jahren trage ich einen Pferdeschwanz, und nun möchte ich auch mal schicker aussehen, wie eine Französin eben. Ich schlendere an vielen Coiffeuren in der Innenstadt vorbei. Frankreich hat die Welle der Zwölf-Euro-Friseurketten aus Deutschland noch nicht erreicht, jede Frisierstube sieht unterschiedlich aus und ein Schnitt kostet zwischen 20 und 100 Euro. Ich lande schließlich bei einem mittelteuren Sadisten. „Nenn mich einfach Guillaume", duzt er mich sofort. Der fünfzigjährige Typ mit seiner perfekten Tolle sieht mir an, dass ich seit fünfzehn Jahren einen Pferdeschwanz trage, und weigert sich, mir eine aufwendige Frisur zu schneiden. „Du würdest dich doch eh nicht darum kümmern." Eingeschüchtert sage ich nichts, während er nur einmal die Schere ansetzt, um rundherum drei Zentimeter schnurgerade abzuschneiden. Hätte ich ihm davon erzählt, dass ich in drei Tagen heirate, hätte er mich wahrscheinlich erst recht für piefig erklärt – Französinnen veranstalten vor ihrer Trauung häufig monatelange Probeschnitte und sind Tage vorher perfekt maniküre, pediküre und laufen ihre Stöckelschuhe warm. Ich habe auch nach dem Besuch von Guillaume immer noch keinen Pony und trage wieder Pferdeschwanz. Es ist eben nicht so einfach, wie eine Französin auszusehen.

Am Tag vor der Hochzeit reisen unsere Trauzeugen an, ein Paar aus Deutschland und eines aus Paris. „Ich dachte schon, du machst dir für den Tag X eine neue Frisur", sagt meine Pariser Freundin Juliette freundlich. „Äh, nein, wieso denn?" Und wir lachen. Wir haben die vier in der Villa Magdalena bei Lorenadia untergebracht, dort, wo wir schon während unserer Wohnungssuche vor einem Jahr gelebt hatten.

Als wir zu Lorenadia gingen, um die Zimmer für unsere Freunde zu buchen, umarmte sie uns herzlich. „Und, ihr wollt jetzt bestimmt hier bleiben, oder?", begrüßte sie uns. „Wir wissen es noch nicht", antworteten Hans und ich wie aus einem Mund. Wir müssen dabei so unglücklich ausgesehen haben, dass Lorenadia im Haus verschwand. „Ich habe da was für euch", sagte sie kurz darauf. Wenige Minuten später saßen wir mit ihr unter dem Orangenbaum, auf dem

Tisch lagen Tarot-Karten. Die Motive hatte Lorenadia selbst gemalt, und alle besaßen für sie eine bestimmte Bedeutung. „Sie werden euch den Weg zeigen", sagte Lorenadia, als sie unsere zweifelnden Gesichter sah. „Jetzt ziehst du vier Mal eine Karte und denkst intensiv an deine Frage." Ich dachte daran, wo wir künftig leben sollten, und zog eine Karte. Sie trug eine abstrakte Zeichnung. „Merk dir die Karte und stecke sie in den Stapel zurück." Dasselbe Prozedere folgte noch drei Mal. Und ich schwöre: Ich habe drei von vier Malen dasselbe Bild gezogen! „Was siehst du in dem Bild?" „Ein symmetrisches Muster aus Vierecken und Kreisen." „Denke noch mal darüber nach, wofür stehen sie?" Leider konnte ich auch nach zehn Minuten, in denen ich angestrengt auf die Karte blickte, keine Bedeutung erkennen. „Vielleicht sind es Teller, und du wirst in der Gastronomie arbeiten?"

Ich hoffte inständig, ihre Deutung sei falsch. Als Studentin hatte ich in vielen Kneipen gearbeitet und kannte die schlechte Bezahlung und die geifernden Blicke von gelangweilten Männern an der Bar. Der kahlköpfige Chef eines Cafés, das gerne Künstlerabende veranstaltete und Rucolasalat mit Parmesanspänen auf der Karte führte, hatte mich endgültig aus dem Job getrieben. „Ziehe bitte morgen einen kürzeren Rock an und schmink dich", sagte er mir an meinem vierten Abend. „Die Männer bestellen dann mehr Getränke an der Bar." Ich guckte ihn ungläubig an. „Ich arbeite ja nicht im Puff", verabschiedete ich mich. Nein, ich wollte nicht mehr servieren, auch nicht in Südfrankreich. Etwas ratlos standen wir vom Tisch auf. Lorenadia tröstete uns. „Ihr werdet es bald wissen, jetzt könnt ihr ja erst einmal heiraten."

Lorenadias Villa hatte etwas Geheimnisvolles. Sie wurde schon 1853 erbaut, wie viele Häuser in diesem edlen Stadtteil, und seit den 1950er-Jahren vernachlässigt. Lorenadia hatte sie abbruchreif übernommen und die Renovierungen mit dem Betrieb eines Snackstands an einem Strand in Beaulieu bezahlt. Die energiegeladene Frau war genau die Richtige, um dieses verschachtelte Haus Instand zu halten. Nach dem Frühstück zeigte sie uns eine Deckenmalerei im Wohnzimmer, die man erst vor einigen Tagen unter mehreren Schichten Farbe freigelegt hatte. Es waren vier Engel, die sich an ihren Händen hielten. „Das ist ein Symbol für meine vier Kinder", deutete Lorenadia das Werk. Für sie bestand alles aus Zeichen und versteckten Hinweisen.

Am Morgen unserer Trauung sitzen Hans und ich in unserer kleinen Wohnung und warten. Um 14 Uhr sollen wir auf dem Standesamt sein, bis dahin sind noch sechs Stunden Zeit. Wir tun das, was wir sonst nie morgens tun. „Komm, wir gucken Fernsehen!" Gerade läuft die Leichtathletik-Weltmeisterschaft. Stundenlang sehen wir in unseren Hochzeitskostümen auf unserem kleinen Fernseher Sprintern und Hochspringern zu. Und ich traue mich nicht, mich zu bewegen, aus Angst, ich könnte mein Brautkleid verschwitzen.

Mittags holen uns unsere Freunde mit dem Leihwagen ab, und wir fahren in die Altstadt von Nizza, dorthin, wo das schmucke, vanillegelbe Rathaus liegt. Zur Feier des Tages wollen wir in die teure Tiefgarage direkt am Marktplatz fahren. Wie alle unterirdischen Parkplätze erstreckt sich auch dieser über viele Etagen, und erst im vierten Untergeschoss bemerken wir, dass jede Lücke schon besetzt ist. Wir fahren zweimal auf und ab, hinter uns und vor uns weitere genervte Fahrer, aber sicherlich kein zweites Hochzeitspaar. „Wir werden ja wohl unseren Trautermin nicht in dieser stinkenden Tiefgarage zubringen", sage ich. Schließlich lassen wir unsere Freunde alleine weitersuchen, gehen in unseren Kostümen die grauen Betontreppen hinauf und kommen in der gleißenden Sonne am Marktplatz an. Etwas unbeholfen stehen wir in unserem Dress zwischen Bergen von Feigen und Tomaten, dann schreiten wir zum Rathaus. Einige Menschen zeigen auf uns und klatschen. Drei Minuten später stehen wir vor dem Standesamt, zehn Minuten später sitzen wir in unserem Saal. Vorne thront ein großer Schreibtisch, hinter uns reihen sich wie im Kino rote Plüschsessel aneinander. Unsere vier Freunde verlieren sich etwas in dem großen Raum, und ich frage mich, ob wir nicht doch größer hätten feiern sollen. Aber in der Ferne trifft man auch einsame Entscheidungen.

„Ich wette, unser Standesbeamter ist betagt und grauhaarig", flüstere ich Hans zu. Ich bin aufgeregt und hoffe, die Zeremonie in der fremden Sprache verstehen zu können. Wir mussten vorher unterschreiben, ausreichend französisch zu sprechen und daher keinen Dolmetscher zu benötigen.

Zehn Minuten später geht die Tür auf, herein kommt eine junge Frau mit einer blau-weiß-roten Schärpe um den Oberkörper, sie strahlt uns an und ist höchstens Anfang dreißig. Während ich es von deutschen Hochzeiten kenne, dass die Brautpaare vorher minutiös ihre Zeremonie absprechen und der Standesbeamte dann eine persönliche Rede halten kann, wurden wir in Nizza gar nichts gefragt. Die Standesbeamtin hat keine Ahnung von unserem Leben als Paar, und sie braucht auch keine zu haben – das Ritual ist so schnittig und nüchtern wie ihre Schärpe. Sie zitiert etliche Paragrafen, deren bürokratischen Inhalt wir wohl beide kaum verstehen. Sie redet von gegenseitiger Rechteübertragung, von der möglichen Annullierung der Ehe bei „schwerem Fehlverhalten" noch im ersten Ehejahr und dass ich Hans' Schulden übernehmen muss, falls er welche machen würde, die dem familiären Haushalt oder den Kindern dienen. Ich dürfe ein Konto eröffnen, ohne Hans davon zu erzählen, sagt Madame, aber nicht gemeinsame Möbel von ihrem angedachten Ort verstellen. Einige Paragrafen sind seit ihrer Einführung 1792, kurz nach der Revolution, offenbar gleich geblieben. Zu der Zeit wurden auch Tiere rechtlich als Möbelstücke betrachtet. Ich darf also weder Hans' Sofa noch seine potenziellen Kühe und Katzen verrücken, schließe ich daraus.

Schließlich kommt es zu den entscheidenden Paragrafen 212, 213 und 214 des bürgerlichen Rechts, die etwas freundlicher und sentimentaler klingen. „Sie schulden sich gegenseitig Respekt, Sicherheit, Treue und Fürsorge", zitiert die Madame. „Die Eheleute gewährleisten beide die moralische und finanzielle Führung der Familie. Sie kümmern sich um die Erziehung der Kinder und sichern ihre Zukunft." Kurz darauf sind wir verheiratet. Wie in meinen Albträumen scheint mein Ehering zu klein zu sein, jedenfalls muss ihn Hans recht brüsk über den Finger schieben. Irgendwann flutscht der Ring, wir unterschreiben ein langes, unleserliches Dokument, und es ist geschafft. Wir strahlen uns an. „Puh, das ging sogar auf Französisch", flüstere ich Hans ins Ohr. Die Standesbeamtin spricht uns freundlich an: „Vous vous plaisez à Nice?" Ich kenne den Ausdruck noch nicht und gucke etwas verstört. „Oui oui", sage ich dann schnell, als sie mich zunehmend zweifelnd anguckt. Wahrscheinlich fragt sie sich gerade, ob sie all ihre schönen Paragrafen zwei französischen Analphabeten vorgelesen hat und die Trauung annullieren muss. Wir verlassen den Saal und gehen in die heiße Augustsonne, Reis fällt herab und Champagner fließt, wir strahlen. Um den Touristenströmen und der gleißenden Hitze zu entkommen, wollen wir in die Berge. Doch ausgerechnet an diesem Tag ziehen kurz nach dem ersten Schluck dunkle Wolken auf. Und nachdem wir über ein paar Serpentinen in die Höhe gefahren sind, fängt es zu regnen an, zum ersten Mal seit fünf Wochen. „Mariage pluvieux, vie de couple heureux", tröstet meine Freundin Juliette – was so viel heißt wie: „Regen bei der Hochzeit, frohes Paarleben." Uns ist das Wetter sowieso egal.

Auf dem genialen Aussichtsberg über La Turbie picknicken wir schließlich im Nebel. An einem Wandertisch aus Holz essen wir Kirschen und Taboulet, würzig eingelegte Artischocken und Melone mit Parmaschinken und scharfe Oliven. Nur in Frankreich kann ein Picknick so köstlich sein, und ich freue mich, hier geheiratet zu haben. Als wir vom Ort unseres Gelages drei Stunden später herabsteigen, scheint in Nizza schon wieder wie gewohnt die Sonne, der Regenschauer war nur ein kurzer Irrtum. In der Altstadt trinken wir noch einige Cocktails und gehen als Mann und Frau beseelt nach Hause.

Am nächsten Morgen reisen unsere Freunde wieder ab, und unser Honeymoon beginnt mit Putzen: Laut unserem Vertrag müssen wir die Wohnung für drei Wochen verlassen, damit Dr. Grün dort seine Sommerferien verbringen kann. Aufs Putzen haben wir eigentlich keine Lust, so schäbig, wie wir das Studio entgegengenommen haben. „Wenn wir jetzt gut sauber machen, muss uns Dr. Grün auch bei der Rückkehr eine blitzblanke Bude hinterlassen", sagt Hans.

Guten Gewissens gehen wir in den Urlaub. Wir wollen mit dem Rad durch die Alpen fahren und dabei in Chambre d'Hôtes übernachten, der französischen und sehr charmanten Variante von Bed and Breakfast. Quasi die Luxusversion unserer früheren Fahrrad-Camping-Urlaube.

Als wir über die glühende Promenade zum Bahnhof fahren, bin ich froh über unsere Flucht vor der Küste: Handtuch an Handtuch liegen dort Touristen auf den Kieselsteinen, der Radweg ist unbefahrbar, weil so viele Inlineskater und Bummelradler unterwegs sind. Meistens sind die Tagesgerichte in den Restaurants im August teurer und die Kellner gestresst. Ganz Frankreich hat nämlich im August frei, und schon am letzten Juliwochenende stauen sich die Wagen auf den Autobahnen Richtung Süden. Landesweit haben Büros, Schulen und Kitas geschlossen, auch Krankenkassen, Behörden, Rathäuser, Werkstätten und Handwerksbetriebe arbeiten nicht. Selbst unsere Bäckerin will am nächsten Tag eine zweiwöchige Pause einlegen. „Es ist viel zu heiß zum Arbeiten." Ich wende stoisch ein, die vielen Urlauber würden doch bestimmt sehr viele Croissants und Quiches kaufen, aber Madame winkt ab. „Zu heiß."

Wir machen uns auf in die Gorges de Cians, eine wildrote Schlucht nur dreißig Kilometer nördlich von Nizza. „Irre, welche Naturschauspiele hier alle in der Region sind", sage ich. Tatsächlich gibt es Bücher, die Bilder von bekannten Naturschönheiten zeigen und sie mit Bildern von der Côte d'Azur spiegeln. So ähnelt unsere Gorge mit den steilen, kaminroten Felswänden etwa dem amerikanischen Grand Canyon, wenn auch etwas kleiner als dieser. Mich ergreift die Sehnsucht, vor unserer geplanten Abreise in vier Monaten noch möglichst viele Ecken zu sehen, noch möglichst viele Wege mit dem Rad zu befahren. Als könnte ich all das konservieren.

Am dritten Tag sehen wir eine Fee. Wie ein elfenhaftes Wesen tänzelt Céline, unsere Gastgeberin, durch ihren kleinen Gemüsegarten in Jausier. Wer von Nizza aus über den höchsten Pass Europas, den Cime de la Bonnette, fährt, landet unweigerlich in dem kleinen Dorf. Im Sommer ist dort ein Badesee angelegt, und tagsüber werden es angenehme 25 Grad. Die Region, die Ubaye, ist von wilden Flüssen und netten Dörfern durchzogen. Wir staunen über die seltsam fremd anmutenden quadratischen Häuser mit ihren Giebeltürmchen, den Metallverzierungen und ihren Veranden.

„In unserem Tal wohnten mal eine Menge Mexikaner", erzählt Céline. „Ein Mann aus Jausier ist Ende des 19. Jahrhunderts nach Südamerika ausgewandert und hat dort mit

Textilfabriken ein Vermögen gemacht. Er kam mit einer Großfamilie und Dutzenden Freunden zurück und hat hier seine mexikanischen Villen gebaut."

Céline ist Mitte dreißig und lädt häufig Schriftsteller und Musiker in ihr großes Haus ein. Eigentlich hatten wir bei unserer Pensionstour eher mit älteren Paaren gerechnet, die die ehemaligen Zimmer ihrer Kinder weitervermieten oder ihre Garage ausgebaut haben. In Wirklichkeit sind die Gästezimmer häufig Haupteinkommen von jungen Familien, neben einem künstlerischen oder landwirtschaftlichen Beruf.

Die französische Regierung hat die Chambres d'Hôtes seit dem Zweiten Weltkrieg mit günstigen Steuern unterstützt, um Arbeitsplätze zu schaffen und die Flucht der Landbevölkerung in die Städte zu stoppen. In vielen Dörfern ist dies gelungen und das Chambre d'Hôte oft die einzige Unterkunft. Inzwischen versuchen aber geschäftstüchtige Menschen, den Erfolg dieser Idee auch in den Städten umzusetzen – allein in Nizza gibt es fünf Chambres d'Hôtes, in Cannes und Antibes noch mehr. Die meisten davon sind sehr luxuriös und teuer und haben wenig von dem ländlichen und persönlichen Charme, der die Gästezimmer eigentlich auszeichnet. Häufig nehmen die Touristen in den städtischen Chambres auch das Abendessen wie in einem Restaurant an einem separaten Tisch ein und nicht, wie eigentlich gedacht, zusammen mit den Hausherren. Aber wenige Kilometer von der Küste, in den Seealpen der Côte d'Azur, gibt es dafür unzählige wundervolle Angebote.

Die zierliche junge Frau ist mit ihren künstlerischen Ambitionen nicht alleine im Hinterland der Côte d'Azur. In Berlin würde man sagen, die Seealpen sind gentrifiziert. Weil die Küstenorte so teuer sind, gehen junge Menschen mit Ideen und guter Ausbildung ins Hinterland, gründen dort ihre Familie und versuchen, etwas aus ihrer Idee zu machen. Wir werden auf unserer Tour Lisa und Jules treffen, die hoch in den Bergen ihr Biogemüse anbauen, oder auf eine Familie, die von geführten Wandertouren lebt. Einmal landen wir auf einem Pferdehof. Herbergsvater Imbert ist das Gegenteil der elfenhaften Céline. Pausbäckig und mit dicker, roter Nase sitzt er am Tisch und erzählt von seinen Pferdegeburten. Zugleich schiebt er unermüdlich erst Fleischpastete, dann Nudeln mit Gulasch, schließlich Käse mit Salat und zum Abschluss noch Apfelkuchen mit Schlagsahne in seinen Mund. Wir staunen und schaufeln ebenso in uns hinein, schon allein aus Höflichkeit. Imbert erzählt, wie er früher an der Küste gewohnt und auf Kriegs-U-Booten gearbeitet habe. Er war bei der Marine und als Elektriker in einem dieser Gefährte tätig, war manchmal monatelang in den engen Booten eingesperrt, bevor sie wieder auftauchten. „Wofür braucht Frankreich denn heute noch U-Boote?", frage ich und versuche, meine Abneigung gegen solche Militärprojekte zu verbergen. „Die ganze Welt weiß, dass wir mit unseren U-Booten durch die Meere fahren, niemand kann sie unter Wasser orten. Das schreckt alle potenziellen Feinde ab." Imbert ist sichtlich stolz auf seinen früheren Beruf, und was soll ich ihn jetzt beim Käse, umgeben von seinen Pferden, mit meinen pazifistischen Ideen belangen? „Wenn er wiederkam, war er oft richtig gelb im Gesicht, nach den Wochen ohne Tageslicht", sagt seine Frau Ingrid. Für sie sei die Zeit sehr hart gewesen, weil es unmöglich war, Kontakt aufzunehmen. Und wenn, dann nur gekünstelt. „Wir haben die Anweisung vom Militär, unseren Angehörigen auf dem U-Boot nur positive Nachrichten zu übermitteln. Nur vierzig Wörter sind erlaubt. Schließlich könnten sie ohnehin nicht nach Hause kommen, und schlechte Neuigkeiten würden sie überfordern." Als ihr Vater starb, habe Imbert es erst drei Wochen nach der Beerdigung erfahren. „Ich musste viele

Tribute zollen", sagt Imbert, inzwischen beim Espresso angelangt. „Aber richtig war es."

Die abendlichen Gespräche mit den Gastgebern finde ich toll. Wie bei einem Blind Date treffen wir nach unseren Stunden auf dem Sattel immer wieder andere Menschen, die der ein oder andere Traum auf das Land getrieben hat. Für zwei oder drei Tage tauchen Hans und ich in das Leben von fremden Leuten ein, sitzen mit ihnen am Tisch, essen ihre Gerichte und schlafen in ihrem Bettzeug. Viele von ihnen haben früher in Nizza oder Antibes gewohnt, in kleinen Studentenwohnungen, und später als Paar in einem „deux pièces", einer Zweizimmerwohnung. „Irgendwann ist es zu stressig an der Küste, zu teuer und zu voll", sagt Cécile. Ich frage mich, ob wir das auch mal so empfinden werden.

Aber wir wohnen ja auch in dem Kleinod Mont Boron – mit Kindern wäre uns dies nicht mehr möglich. Und es stimmt, dass die durchschnittlichen Wohngegenden von Nizza, Cannes und Antibes sehr laut sind. Der Verkehr ist dicht und die Luft stickig. Außerdem kämpfen die Anwohner mit Autofahrern, die ständig hupen. Am Mont Boron hängen deshalb vor einigen Kurven Schilder mit einer rot durchgestrichenen Hupe, die ich in Deutschland noch nie gesehen habe. Nur Franzosen sind fähig, eine kurvige Straße zu befahren und vor jeder Biegung zu tuten. Ganz so, als vertriebe dies prophylaktisch den Gegenverkehr und als wohne dort niemand.

Ganz so einfach ist das Leben in dem bergigen Hinterland von Nizza aber auch nicht. „Die Alteingesessenen sind misstrauisch gegenüber den Neuen", sagt Céline. Ihr Mann ist Architekt und hat es offenbar schwer, Häuser in der Ubaye zu entwerfen. „Die Einheimischen haben den Markt unter sich aufgeteilt, da ist wenig Platz für neue", meint Céline. Nach ein paar Jahren sei es aber besser geworden.

Die kleinen Dörfer im Hinterland scheinen wirklich eine Art Familienangelegenheit zu sein. Oft regieren die Bürgermeister schon seit Jahrzehnten, und nicht selten hat der Onkel des Bürgermeisters eine Immobilienagentur, und die Nichte ist die Bäckerin. Viele Weiler sind so klein, dass nur zweimal in der Woche ein Brotwagen anhält. Kaum zu glauben, dass sich keine zwei Autostunden entfernt die Menschen am Strand auf den Zehen herumtrampeln.

Von Jausier und seinen mexikanischen Villen aus erklimmen wir auf unseren Rädern den Cime de la Bonnette, den höchsten Pass Europas auf 2700 Metern Höhe. Insgesamt 1600 Meter geht es bergauf, bis wir die Baumgrenze passieren und schließlich durch eine karge, ausgeräumte Landschaft fahren. „Hörst du das auch?", ruft Hans hinter einer Kurve. Ein ständiges Pfeifen. Auf einem Felsen reiben zwei Murmeltiere ihre Nasen aneinander, als ob sie sich liebkosten. Wir beschließen, an Ort und Stelle zu picknicken und die Bergbewohner zu beobachten. Jetzt im August fressen sie sich ihren Winterspeck an, stopfen Eicheln, Maronen und Wurzeln in sich hinein, um dann bis zu neun Monate lang in ihrer Höhle zu überleben. In dieser Zeit wird ihr Herz nur zehnmal pro Minute schlagen, der vor sich hindämmernde Körper holt nur ein- bis zweimal pro Minute Luft. Ihre Temperatur sinkt auf fünf Grad Celsius herab und das Volumen von Magen und Darm halbiert sich. Wir haben Glück – während wir unsere Baguette mit dicken Stücken Camembert essen, läuft rund ein Dutzend Murmeltiere vor unseren Augen über die Hänge. Immer wieder reiben sie ihre Nasen aneinander, verschwinden in ihren oft hundert Meter langen Gängen und tauchen an anderer Stelle wieder auf.

Die letzten Serpentinen teilen wir uns mit vielen Motorradfahrern, für die der Pass der Höhepunkt einer jeden Tour sein muss. Eigentlich aber ist die Höhe ein wenig getrickst: Den letzten Kilometer macht der Pass eine unsinnige Schlaufe um eine Bergspitze ohne jeden Grashalm. Wer mag, kann aber auch schon weiter unten den Weg ins nächste Tal finden. Trotzdem ist es toll, später dick angezogen an der Aussichtsplattform auf dem Gipfel zu stehen. Die Zivilisation scheint fern, andere Bergspitzen hingegen scheinen ganz nah zu sein. Acht Monate im Jahr ist der Pass gesperrt und schneebedeckt, im Winter bauen sich hier Berufssoldaten während ihrer Ausbildung ein Iglu oder Schneegräben.

Neben uns stehen zwei Italiener und essen pure Marzipanbarren, ihre Räder sind sehr schwer bepackt. „50 Kilo wiegt eines", sagt uns Falco stolz. „Das ist ja enorm, wieso denn so viel?" Ich frage mich, warum wir an jeder Socke gespart haben, um unser Gewicht niedrig zu halten. „Damit sind wir bei der Abfahrt schneller", sagt der schmächtige Radfahrer. Sein Rekord sei 80 Stundenkilometer. „Ich habe schon mal fast ein Murmeltier überfahren", sagt er stolz. Vielleicht zieht dieser Gipfel per se etwas größenwahnsinnige Menschen an, überlegen wir später und fragen uns nach unserem Wahn. Auf dem Rückweg jedenfalls achten wir darauf, keines der Marmotte zu überfahren.

„Murmeltieren ist schon bei 20 Grad heiß", sagt uns später Céline. Seltsame Tiere, die den Winter über in Höhlen verbringen müssen und denen im Sommer schon wieder heiß ist. „Sie passen halt genau in die Berge", sagt Céline.

Es ist seltsam, wie fremd uns die glamouröse und schicke Seite der Côte d'Azur nach ein paar Tagen in der Natur wird. Die reichen Menschen an der Promenade, das Knattern der Jetskis auf dem Wasser des Hafenbeckens und das nächtliche Lichtzelt über Nizza erscheinen mir sehr fern. „Alle Eingewanderten wollen im ersten Jahr auf das Meer blicken", hat mal ein älterer Herr aus dem Wanderclub zu mir gesagt. „Nach einer Weile sehnt man sich dann nach Ruhe und zieht weiter weg." Bin ich etwa schon nach acht Monaten an dieser Wende? Kann der Mensch diese berauschende Schönheit und das strotzende Selbstbewusstsein der Küste gar nicht so lange ertragen?

September

DIE KÜSTE HAT UNS WIEDER, und natürlich hat sie uns auch sofort wieder erobert. Kaum haben wir die Bergwelt hinter uns gelassen, nimmt uns Nizza für sich ein. Nach einiger Zeit in den eher kargen Bergdörfern wirken die ockerfarbenen und zartrosa Häuser in der Altstadt noch strahlender, das Meer anziehend blau. Es ist Anfang September, aber noch immer sehr warm, seit acht Wochen hat es bis auf einen Tag – unseren Hochzeitstag – nicht mehr geregnet. „Ich weiß nicht, ob ich noch einmal in Bochum wohnen kann", sage ich heute schon zum dritten Mal zu Hans. Ich fange gerade an, mich richtig heimisch zu fühlen. Wiederholung gibt Sicherheit, und inzwischen habe ich genug zu arbeiten, und meine festen Anker in der Woche sind die Wanderungen mit Hélène, die Rugbyspiele und der Presseclub mit seinem donnerstäglichen Apéro.

Dr. Grün hatte uns nach unserem Urlaub eine schmuddelige Bude hinterlassen. Wie hat er es nur geschafft, nach wenigen Tagen einen fettigen Film auf die gesamte Küche zu legen? Ich versuche, mich nicht über ihn zu ärgern und lieber wieder die Aussicht zu genießen. Sophie sagte uns noch bei der Übergabe, Dr. Grün wolle das Studio langfristig verkaufen – für 220 000 Euro. „Das ist bei der Einrichtung natürlich etwas zu viel verlangt", sagt uns die Maklerin freimütig.

Um uns wieder daran zu gewöhnen, tagsüber vor dem Computer zu sitzen, wollen wir abends wenigstens das Hafenfest, „la fête du port", in Nizza mitmachen. Schon seit Monaten hängen Plakate in der Stadt, es ist ein recht junges

Fest, mit dem der mit neuen blauen Laternen und Fußgängerwegen aufgehübschte Platz gefeiert werden soll.

Die „Insel der Schönheit" („île de beauté"), wie der zentrale Platz am Hafen heißt, ist auch wirklich eine Feier wert. Alte Fischerhäuser sind zwischen renovierte Mietswohnungen eingeklemmt, und kleine, blau-weiß getünchte Paddelboote ankern neben den silbernen Luxusyachten. Im Restaurant „L'Escale" können wir unbegrenzt Muscheln mit Pommes essen, teure Edelfische bietet das mehrfach ausgezeichnete Restaurant „L'âne rouge". Jogger überholen hier alte Damen mit ihren edlen Schoßhündchen, und Familien fahren ihre Kleinkinder spazieren. Heute Abend, so hat es mir Hélène versprochen, werden wir am Hafen tanzen können. „Das ist ein richtiges Fest", sagt sie, „kein touristisches." Schon am Nachmittag spielen französische Bands, und die Menschen tanzen auf dem heißen Pflaster. Immer wieder fasziniert es mich, wie sich Franzosen über einen Sänger oder eine Sängerin mit akustischer Gitarre begeistern können. Sie jubeln dem halb gesprochenen Singsang zur Klampfe so lautstark zu, als wäre es ein rockiger Evergreen. Auf der Bühne stehen eine zierliche Frau mit blau-weißem Kleid und ein junger Mann, der Texte über seine Beziehungen ins Mikrofon haucht. Auch Hélène klatscht begeistert. „Was hat er gesungen?", frage ich. „Etwas Poetisches über die Liebe." Und wahrscheinlich ist dies das Erfolgsgeheimnis französischer Chansons – die Sprache klingt einfach zauberhaft.

Poetisch schön sind auch die Gerichte. Bauern bieten Tomaten in dreierlei Farben mit Olivenöl an, auch gebackene Auberginen und den obligatorischen Socca gibt es. Natürlich sind an diesem warmen Septemberabend auch viele Touristen auf dem Fest, aber Hélène hat recht. Es ist ein echtes Fest für die Niçoiser, die zu Tausenden gekommen sind. „Bist du glücklich, an so einem schönen Ort geboren worden zu sein?", frage ich. „Mmh." Hélène antwortet nicht sofort.

Sie trinkt noch Rotwein aus ihrem Plastikbecher. „Ehrlich gesagt, habe ich mich das selbst noch nie gefragt. Wenn du hier geboren bist, scheint dir alles normal zu sein. Aber ich bin froh über die Berge, in denen ich wandern kann. Und über das Meer im Sommer."

Ich möchte gerne mehr wissen über die Menschen, die hier ihr Leben aufgebaut haben. Ein paar warme Tage später treffe ich Agnès auf ihrem Bio-Hof in Puget-Theniers. Der Ort liegt an der Var, fünfzig Kilometer aufwärts von Nizza und an der Bahnlinie nach Digne. Zum Glück hat sie ihre Auffahrt akribisch beschrieben: „An dem Schild ‚Bonnets' biegst du rechts ein, folgst den Kurven hoch. Wenn es aussieht, als sei der Weg zu Ende, fährst du auf der Steinpiste weiter, einmal steil runter und dann wieder steil hinauf. Das Haus ganz oben ist unseres." Agnès hat neben ihren Gemüsebeeten auch Gästezimmer, aber es fehlt jedes Schild dazu. Schon oft habe ich mich gefragt, warum Franzosen Besuchern ihren Weg so schlecht weisen, und auch Agnès kann es mir nicht erklären. „Du hast uns doch gefunden, oder?", fragt sie nur. Sie hat ja recht.

Sofort beeindruckt mich die Frau mit dem Pagenkopf und dem offenen Lächeln. Agnès trägt ihre drei Monate alte Tochter in einem Tuch auf dem Rücken, ab und zu richtet sie ein beruhigendes englisches Wort an sie.

Agnès ist sicherlich keine typische Bauersfrau. Als Diplomatentochter wuchs sie in Südafrika und Genf auf, später machte sie einen Abschluss in „Epidemien-Medizin". Wer die freundliche Frau mit den feinen Gesichtszügen und dem entschlossenen Ausdruck trifft, der weiß: Agnès ist zielstrebig. Nach ihrem britischen Diplom ging sie zurück nach Südafrika und leitete ein Forschungsprojekt zur Prävention und Behandlung von Aids. „Als wir 2000 dort ankamen, ließen sich die Menschen nicht auf HIV testen, es war die reinste Anarchie. Und der Präsident behauptete immer noch, die Krankheit komme von der Armut und sei eine westliche Erfindung." Nach und nach verstanden sie und ihr medizinisches Team, wie sie der Bevölkerung wirklich helfen können: Sie fuhren direkt mit ihrer Ambulanz in die Dörfer, nahmen dort das Blut ab und therapierten umgehend die infizierten Menschen. Nach einem Jahrzehnt in den südafrikanischen Dörfern hatte Agnès das Gefühl, sie könne nicht mehr viel helfen. „Außerdem hatte ich Renaud getroffen."

Renaud ist ein Urgestein aus Puget-Thenier, ein echter Südfranzose, der zunächst als Kaufmann arbeitete. Als sich die beiden trafen, stießen Welten aufeinander. Sie, die weltgewandte Wissenschaftlerin aus gutem Hause, er, der bodenständige Franzose, der auf dem Hof seines Großvaters aufwuchs. Renaud kam probeweise nach Südafrika. „Ich habe es dort nicht ausgehalten. Hier habe ich meinen Elektrozaun, um die Wildschweine von unserem Gemüse fernzuhalten. In Johannesburg hatte ich einen Elektrozaun, um nicht von den Armen überfallen zu werden", sagte er. Wenn Renaud im Karohemd zwischen den unzähligen Kürbissen auf seinem weiten Land steht, kann ich mir sehr gut vorstellen, wie eingesperrt er sich gefühlt haben muss. „Wie in einem Käfig", sagt er. Das Paar trifft eine radikale Entscheidung und zieht auf den Hof von Renauds Großvater. 1,3 Hektar groß, an einem steilen Hang über Puget-Thenier. Hier hegen und pflegen sie ihre Pflanzen und verkaufen Kürbisse, Tomaten, Petersilie und Pastinaken in Körben weiter. Agnès reicht mir eine senfgelbe Tomate, die Sorte heißt „Wilde Ananas". Sie schmeckt köstlich, tatsächlich fast so süß wie die gleichnamige Frucht. „Wir essen in Deutschland viele Tomaten aus den Gewächshäusern in Holland", erzähle ich. „Aus Holland? Aber da scheint doch kaum die Sonne", sagt Agnès mit der den Franzosen eigenen Selbstzufriedenheit. „Das kann ja nicht schmecken." Ich komme mir vor wie eine

Nestbeschmutzerin, aber es stimmt: Im Vergleich zu den frischen, in der Sonne gereiften Tomaten schmecken die holländischen wie Wasser im Schlauch.

Seit Kurzem haben sich Agnès und Renaud auch noch etwas unfreiwillig auf Safran spezialisiert:

Zur Hochzeit hat ihre Familie ihnen 6000 Safranknollen geschenkt. Agnès flucht noch heute darüber. „Die Idee ist ja schön, aber im Herbst sitze ich bis spätnachts in der Stube und ziehe die Stempelfäden aus den Blüten."

Safran ist eine der wertvollsten Pflanzen der Welt. Ein Gramm der roten Stempel kostet rund 25 Euro. Der Crocus satavia wird seit 2000 Jahren in Europa kultiviert. Früher färbte Safran Gewänder und edle Tischtücher rot und wurde in der Medizin verwandt – heute gilt er meist als Delikatesse zum Kochen. Einige Fäden genügen, um etwa einer Portion Reis eine leuchtende orange-gelbe Farbe zu verleihen, auch in der südfranzösischen Fischsuppe Bouillabaisse wird Safran benutzt.

Jeden Morgen sprießt aus den unterirdischen Knollen eine neue Blüte mit drei der roten Fäden hervor. Rund vierzig Mal kann sich so eine Pflanze also wiedergebären. Ist der Anbau vergleichsweise einfach, ist die Ernte umso schwerer. Denn die Blüten dürfen nicht mehr vom Morgentau benetzt sein, das ließe die hauchdünnen Blätter zusammenkleben, die Fäden blieben verschlossen. Sie dürfen aber auch nicht zu lange von der Sonne beschienen worden sein, weil UV-Licht die geschmackliche Qualität des Safrans mindern würde. „Es ist jeden Tag erneut ein Glücksspiel", sagt Agnès. Sie ist müde und hat letzte Nacht noch bis zwei Uhr die Fäden selektiert.

Ich darf versuchsweise eine Handvoll Krokusse von ihren exquisiten Fäden befreien. Es ist eine schwere Arbeit, die höchste Konzentration erfordert. Um mich herum fliegen Dutzende Bienen, die vom Duft der Krokusse angezogen werden. Schwerfällig, wie betrunken schwirren sie um den Tisch. „Ich glaube, der Duft macht sie tatsächlich besoffen", lacht Agnès. „Ich bin quasi ihr Dealer." Die Fäden sind so filigran wie Nähgarn und locker von den violetten Blättern der Krokusse umschlossen. Faden für Faden muss mit einem Pinzettengriff entfernt werden.

Vor der französischen Revolution produzierten die Franzosen tonnenweise Safran, bevor der Anbau im 19. und 20. Jahrhundert nahezu stoppte. Seit den frühen 1990er-Jahren steigt er rapide wieder an. „Der Safran erlebt eine richtige Renaissance", sagt Agnès. Alleine in den Seealpen gebe es inzwischen neunzig Anbauer.

Eine Stunde lang fuselte ich an den Blüten herum, bis ich schließlich stolz ein Gramm Safran in ein Glas gefüllt hatte. Jetzt müssen die Fäden noch mehrere Stunden lang bei 89 Grad getrocknet werden. In der Zwischenzeit essen wir Spaghetti mit gehackten gelben Tomaten und Basilikum.

Beim Dessert, Joghurt aus Schafsmilch mit Feigenmarmelade, erzähle ich Agnès von früher, von meinem effizienten und durchgeplanten Vor-Côte-d'Azur-Leben. „Ich war früher auch viel effizienter", sagt sie. „Ich stand auf, checkte an meinem Smartphone die E-Mails, plante eine neue Kampagne, verabredete mich mittags mit Projektpartnern, abends mit meinem Team. Jetzt mache ich mein Telefon manchmal erst mittags an. Aber ich fühle mich besser." Ich nicke.

Agnès ist mit ihrer persönlichen Wandlung in den Seealpen nicht alleine. Als wir am späten Nachmittag zu ihrem Laden im Zentrum von Puget-Thenier hinabsteigen, treffe ich auf Lammzüchter, Imker und Trüffelsucher, die früher einmal Banker, Hotelmanager und Stewardessen waren, meistens in Paris. Vielleicht fällt es Menschen leichter, unter der Sonne ein neues Leben anzufangen. Zumindest wirken die körperlichen Jobs mit den Schafen auf der Prärie, mit den Wildschweinen im Wald und an den Bienenkörben viel leichter auf mich, wenn ich sie mir bei gutem Wetter und bezaubernder Natur vorstelle. „Viele ziehen hierher, aber viele müssen auch aufgeben", dämpft Steph, der Lammzüchter, gleich meine Euphorie. „Das schöne Wetter hilft, aber die Arbeit in den Bergen ist hart." „Aber du hast sie dir doch ausgesucht", erwidere ich. „Ja, und ich habe es nicht bereut." „Was ist denn dann so schwierig?", frage ich, wieder Mut schöpfend. „Hier in der Region ist selbst Bauernland teuer. Und lange Zeit wollten die Bürgermeister von Nizza und Umgebung nur schwerreiche Touristen anziehen, die haben sich einen Scheißdreck um die Bauern geschert", sagt er.

Inzwischen habe sich dies aber verbessert. „Jetzt wollen sie Farmer haben, weil auch viele Familien wieder auf Bauernhöfen Urlaub machen wollen. Und weil ein Hirte neben seinen Schafen schön aussieht im Katalog." Agnès wird mir später sagen, dass Steph für seinen Zynismus bekannt ist. „Ich glaube, er ist sehr glücklich da oben mit seinen Schafen." Auch der Imker scheint mir zufrieden zu sein. Er lässt seine Bienen über die Lavendelfelder im Esterelgebirge fliegen und macht daraus den köstlichen Lavendelhonig, den er mich esslöffelweise probieren lässt. „Ich habe nur ein Drittel so viel Geld wie in Paris", sagt er. „Aber ich hätte inmitten auf dem Land auch ohnehin keine Gelegenheit, mein altes Geld genussbringend auszugeben."

Zum ersten Mal treffe ich an der Côte d'Azur Menschen, die behaupten, weniger Geld zu brauchen. Selbst meine vollkommen unmaterialistische Wanderfreundin Hélène seufzt über die Ausgaben, die sie hat, um die Schulden für ihre kleine Wohnung in Westnizza abzuzahlen. Wie viele Franzosen hat sie schon mit Mitte zwanzig einen Kredit aufgenommen, um eine Wohnung zu kaufen. „Die Hälfte von meinem Gehalt geht für die Raten drauf", sagt sie. Dabei habe ich sie einmal dabei erwischt, wie sie an einer Bushaltestelle Ordnung in ihr vor Zettelchen überquellendes Portemonnaie bringen wollte und dabei ein paar Cent-Münzen in den Abfall schmiss. „Was machst du denn da?" „Ich mache Ordnung in meinem Portemonnaie", sagte sie nur. Von da an habe ich schon öfter Franzosen dabei beobachtet, wie sie Kleingeld wegschmissen. Einmal habe ich auch einige 5-Cent-Stücke in einer Abfalltonne versenkt, um zu wissen, wie es sich anfühlt. Ich kam mir ein wenig schuldig vor, aber irgendwie auch frei, ein gutes Gefühl.

Wahrscheinlich werden die Menschen ohne Geldsorgen zahlreicher mit jedem Kilometer, den ich mich von der Küste entferne. Nicht nur, weil das Leben günstiger ist und der Kaffee an der Bar nur die Hälfte kostet. Sondern auch, weil der ewige Vergleich fehlt, bei dem normale Arbeiter am Meer nur verlieren können. Wer täglich auf Yachten und Frauen mit Goldketten schaut, muss sich unweigerlich arm vorkommen. „Das Paradies der Reichen ist die Hölle der Armen", sagte Victor Hugo, Frankreichs strammer Poet.

„Hier in der Natur ist das Paradies für jeden", sagt Agnès. Sie streitet sich ausdauernd mit dem Pessimisten Steph darüber, wie gut es sich in Südfrankreich leben lässt. „Geh mal nach Grasse", rät sie mir. „Dort herrscht urwüchsiges Leben." Ohnehin wollte ich schon lange nach Grasse fahren, in die sagenumwobene Stadt der Parfumeure, der inoffiziellen Hauptstadt des südfranzösischen Hinterlandes: In den für seine jahrhundertelange Parfum-Produktion bekannten Ort ziehen inzwischen viele Familien und Personen, die in den Küstenstädten der Côte d'Azur arbeiten und dort keine angemessene Immobilie finden. In den vergangenen Jahren ist die Stadt jährlich um fast fünf Prozent gewachsen – so stark wie keine zweite an der Côte d'Azur. Zum mondänen Cannes sind es nur fünfzehn, nach Nizza nur 25 Kilometer. Vor Kurzem hat die Stadt begonnen, die gesamte Altstadt zu sanieren. Künftig soll sogar ein Lift Touristen und Bewohner von dem wesentlich tiefer liegenden Bahnhof in das pittoreske Zentrum bringen. Grasse wird also noch mehr Küsten-Flüchtlinge aufnehmen und für Mieter und Käufer zunehmend interessanter werden. Der Ort liegt kreisrund auf einem Hang, und sofort sieht jeder Gast die drei Großen „Ards" des Parfumgeschäfts: Fragonard, Galimard und Molinard, die alle eigene Museen aufweisen und Touristen durch ihre Parfümerien führen. Mehr als eine Million Menschen steht jedes Jahr staunend vor den Kupferdestillerien aus dem 18. Jahrhundert und kann anschließend den eigenen Duft kreieren. Enttäuscht bin ich über die fehlenden Blumen. In den Kreisverkehren wachsen noch ein paar Lavendelstauden und Krokusse, aber die großen Pflanzenfelder sind verschwunden, meist von Villen mit Pool überwuchert. Keine Wagen voller Rosen und Jasmin fahren zu den Parfümerien. Seit den frühen Vierzigerjahren werden die Düfte künstlich hergestellt, die letzten notwendigen Blumen werden in Bulgarien produziert.

Die Hersteller der künstlichen Düfte sind trotzdem in Grasse geblieben, um von dem traditionellen Ruf der Stadt zu profitieren. Sie entwickeln auch Geschmäcker, beispielsweise für Joghurt. Und im „Institut für Parfümerie" schulen die Angestellten der rund sechzig Duft-Firmen ihre Nasen. In Kursen lernen Teilnehmer zwanzig verschiedene Düfte und ihre Dutzenden einzelnen Komponenten zu benennen. Das scheint hart für unsere gleichgültigen Riechorgane. „Die Nase lässt sich trainieren wie ein Muskel", heißt es tröstend in der Werbebroschüre. Tatsächlich meine ich, nun einmal aufmerksam geworden, an jeder Hausecke in Grasse einen anderen Duft wahrzunehmen. Den tomatigen, fettigen Geruch von Pizza, frisch zum Trocknen auf dem Balkon hängende Wäsche, einen Springbrunnen mit moosbewachsener Säule, Kaffeeduft aus einer Bar.

Was wohl Jean-Baptiste Grenouille, der geniale Mörder aus Patrick Süskinds Roman *Das Parfum*, zum heutigen Grasse sagen würde? Auch Grenouille (auf Deutsch: Frosch) hat die Stadt berühmt gemacht, weil er, geboren an dem „allerstinkendsten Ort des gesamten Königreichs", in Paris, schließlich nach Grasse wandert, um dort sein mächtiges Parfum zu entwickeln. Ich wüsste gerne, ob so ein genialer Riecher wie Grenouille den Unterschied zwischen falschem und echtem Rosenduft erkennen könnte. Ein durchschnittlicher Verbraucher weiß dies nicht zu tun.

Ich treffe die Parfümeurin Michelle Cavalier auf ihrem Hof, dem „Jardin de Bastide". Sie hat vor zehn Jahren als erste Frau in Frankreich biologisches Rosenwasser entwickelt. Um den Hof spannt sich ein pastellfarbenes Blütenmeer aus Iris, Nachthyazinthen, Lavendel, Heiligenkraut, Helychrysien, Rosmarin und Rosen. Michelle ist in Grasse aufgewachsen und hat gesehen, wie mehr und mehr Blumenfelder verschwanden. „Dabei haben Blumen immer zu mir gesprochen, sie sind meine Inspiration." Die grauhaarige, elegante Dame mit den vom Gärtnern robusten Händen sieht bei diesen Sätzen sehr glaubwürdig aus. Sie ist stolz darauf, „echte Arbeit vom Anfang bis zum Ende" zu vollbringen und auch die schon von Grenouille benutzte Methode „enfleurage" für ihre Seifen, Cremes und Düfte zu benutzen. Michelle hat drei Kinder, war Grundschullehrerin und ist inzwischen in der Aromatherapie und der biologischen Landwirtschaft ausgebildet. Und: Sie riecht gut, ganz fein, ein wenig nach Weizenfeld. „Heute sagt die Kosmetikindustrie, echte Blüten seien zu teuer für ihre Produkte. Aber das ist Unsinn. Die Entwicklung der chemischen Düfte kostet sehr viel Arbeitskraft." Michelle glaubt, bald werde sich der Trend wieder umdrehen, allein schon, weil die großen Marken immer auf der Suche nach neuen Ideen seien. „Die Natur gewinnt am Ende, immer", sagt sie freundlich.

Oktober

Vielleicht ist dieser Monat der allerschönste an der Côte d'Azur. Das habe ich zwar schon häufiger vermutet, aber inzwischen haben wir uns auch so gut eingelebt, dass wir entspannter und mit einer gewissen wohlwollenden Routine auf das Leben blicken können. Ich habe gut zu tun. Vielleicht ist es meine deutsche Ader, mich erst dann beim Faulenzen so richtig wohlzufühlen, wenn ich vorher gearbeitet habe.

Das Meer ist noch warm, die Terrassen der Restaurants gut besucht, aber zugänglich, und ich verabrede mich abwechselnd mit Rebecca und Hélène abends zum Picknicken am Meer oder zum Baden vor der Arbeit. Frühmorgens ist das Wasser ein großer blauer Spiegel. Immer häufiger frage ich mich, warum nicht viel mehr Menschen sich aufmachen, einen passenderen Lebensort zu finden. Ist es nur der fehlende Job? Macht vielen Menschen der Regen weniger aus als mir? Sind sie mehr an ihre Heimat gebunden? Oder ahnen sie nicht, welche Lebensqualität ihnen entgeht?

Als Ausländerin lerne ich automatisch andere Ausländer kennen. Eigentlich ohne Absicht, denn ich freunde mich gerne mit Franzosen an, aber irgendwie treffe ich unter Journalisten besonders viele Immigranten, und auch an Hans' Observatoire sind beinahe mehr Italiener, Amerikaner und Russen anzutreffen als Franzosen. Viele Deutsche gibt es an der Côte d'Azur ohnehin nicht, die sind eher in der Provence zu finden. Dafür wohnen hier viele Engländer – die ja der „Promenade des Anglais", wie die Meerespromenade in Nizza heißt, einst ihren Namen gegeben haben. So wie Rebecca, die Fotografin aus England. Sie hat mit ihrem Freund über Monate Thailand, Neapel und Indien bereist und ist dann doch in Nizza geblieben. „Nach England gehe ich wohl nicht mehr zurück. Ich habe hier meine Aufträge und meine Natur, mehr brauche ich nicht." Rebecca arbeitet für Wirtschaftsmagazine, die Firmenbosse gerne am Meer ablichten, oder für Urlaubsmagazine aus England und auch für die *New York Times*, die ihren Reiseteil immer mal wieder dem Sehnsuchtsort der Amerikaner widmet – Frankreichs Süden und seiner guten Küche. Ein paar Reportagen haben wir auch schon zusammen machen können, sie war begeistert von den deutschen Auftraggebern. „Sie zahlen pünktlich und sagen dir klipp und klar, welche Fotos sie erwarten. Das ist echt selten." Häufig fotografiert Rebecca die Gerichte von Sterneköchen, aber nicht immer darf sie davon kosten. „Ich musste schon manchmal bei so einem anstrengenden Fototag in der Küche Energieriegel essen", sagt sie empört. Rebecca liebt ihren Job, ich habe bei gemeinsamen Geschichten schon häufiger gesehen, wie sie sich für besondere Perspektiven auf den Boden legte oder auf Autos und einmal sogar auf eine Bushaltestelle kletterte.

Meine niederländische Freundin Cathelijne hat auch das Côte-d'Azur-Virus befallen. Schon seit zehn Jahren lebt sie hier, und eigentlich plant sie immer mal wieder ihre Rückkehr nach Amsterdam. Sie ist noch immer in der niederländischen Versicherung und zahlt in den Niederlanden Steuern – ihr Rückfahrticket, das sie wahrscheinlich nie benutzen wird. Von einem Tag auf den anderen schwankt sie, wo sie denn leben möchte. Ich kenne das Gefühl nur zu gut. Erst kürzlich kam sie aus Den Haag zurück, es war kalt. Und die Landschaft so flach. „Ich brauche jetzt wohl schon die Berge", sagt sie seufzend. „Ich werde Holland und meine Familie immer vermissen, aber es ist zu schön hier."

Allein an der Promenade in Nizza entlangzujoggen ist herrlich. Sie ist sieben Kilometer lang und beginnt an der

Hafenspitze. Sie heißt auf Niçois „Rauba Capeu" – fliegender Hut, weil der Wind dort häufig heftig weht. Wenn sich wie an drei bis vier Tagen im Jahr meterhohe Wellen auftürmen, ist die runde Spazierkurve zwischen Promenade und Hafen auch schon mal gesperrt.

Weiter laufe ich an den Ponchettes vorbei, das sind die ehemaligen niedrigen Fischerhäuschen in der ersten Reihe am Meer. Künftig sollen ihre flachen Dächer begrünt und für Spaziergänger freigegeben werden, ein herrlicher Aussichtsweg direkt am blauen Meer. Eine englische Rikscha-Kundin von mir verbrachte in einem der schmalen Häuser immer ihren Sommer. „Wir gucken vom Bett aus aufs Wasser", schwärmte sie. „Nur die vielen Autos stören – obwohl wir schon dreifach verglaste Fenster haben." Nicht auszudenken, wie schön die Promenade erst wäre, wenn dort keine Autos lärmen würden. Trotzdem gehören die kleinen Häuser, mit dem Rücken zur Altstadt und dem Gesicht zum Meer, zu den exquisitesten Immobilien. Ich erinnerte mich an die Geschichte einer korsischen Touristin. „Früher haben die Frauen auf Korsika die Häuser und das Land am Meer geerbt, weil es als armselig galt. Viel wertvoller waren die Ländereien im Inland, dort, wo Gemüse und Obst angebaut werden konnte." Tja, und nun habe sich die Geschichte gewendet. „Jetzt besitzen die Frauen das begehrte Land am Wasser und die Männer irgendwelche Hänge im Hinterland." Die kleine Korsin mit dem kurzen schwarzen Haaren wollte gar nicht mehr aufhören zu lachen, und ich lachte mit.

Während ich weiterjogge, passiere ich das Hotel Negresco, dieses rosafarbene Fünfsternehotel mit der wie mit Zucker übergossenen Kuppel. Noch heute wird das Luxushaus von der Gründerin geführt – über neunzig Jahre alt ist sie inzwischen, soll aber noch jeden Morgen die Tagesplanung in der Küche überwachen.

Richtung Flughafen dann wechseln sich bunte Art-déco-Häuser mit gesichtslosen Wohngebäuden ab, die wohl in den 1960er- und 1970er-Jahren entstanden sein müssen. Einige Häuser erinnern mit ihren bemalten runden Dächern an den Kreml. Nach der russischen Revolution wanderten viele, meist wohlhabende Russen nach Südfrankreich aus – die russische Basilika zeugt davon. Das farbenprächtige Bauwerk in Nizza ist die größte russisch-orthodoxe Kirche in Europa und eines der meistbesuchten Denkmäler in der Stadt am Mittelmeer. Hunderttausende besichtigen die knapp hundert Jahre alte Basilika mit ihren Zwiebeltürmen und den bunten glasierten Ziegeln. Vor einigen Tagen war ich aus beruflichen Gründen dort – denn hinter der hübschen Fassade versteckt sich eine letztlich europaweite Auseinandersetzung zwischen der russisch-orthodoxen Kirche im Ausland und in Russland. Beide Kirchen standen über Jahrzehnte im scharfen Gegensatz zueinander. Die Emigrierten warfen der in Moskau geduldeten Kirchenleitung vor, zu sehr mit den Kommunisten kollaboriert zu haben. Die „Auslandskirche" übernahm dafür alle ehemaligen kirchlichen Besitztümer Russlands im Ausland. Erst vor wenigen Jahren hatten sich die russische und die Auslandskirche versöhnt – nicht aber ihr Satellit in Nizza, der sich heftig gegen die „Übernahme" wehrte.

Um meine Reportage möglichst bildhaft zu gestalten, habe ich einen Gottesdienst besucht. Es war ziemlich anstrengend. Die wenigen Stühle sind Schwangeren und gebrechlichen Menschen vorbehalten. Alle anderen stehen zwei Stunden lang. Es bleiben sogar noch Stühle frei, aber niemand wagt es, sich hinzusetzen. Im Gegenteil, es gilt als vorbildlich, den Dialog mit Gott auf unbequeme Weise einzugehen, so, wie die meisten Kirchenbänke ja auch hart sind. Und die kälteerprobten Russen gehen eben noch einen Schritt weiter. Seit Kurzem fährt einmal in der Woche ein direkter Zug von Moskau nach Nizza. Zwei Tage und zwei Nächte ist er über Russland, Weißrussland, Polen und Österreich nach Südfrankreich unterwegs. Er ist für wohlhabende Touristen gedacht, aber auch für Geschäftsleute, die Angst vorm Fliegen haben. „Ganz Russland träumt von der Côte d'Azur", sagte mir einmal ein stämmiger Russe, der sich an einem Tag drei Mal von mir in der Rikscha durch die Gegend kutschieren ließ. Der Mann war auf der Suche nach einem passenden Standort für sein Luxushotel, das er extra für die russische Klientel an der Côte d'Azur eröffnen wolle. Mit russischem Essen, russischen Portieren und russischem Design. „Ist das nicht zu russisch? Wofür sind Sie denn so weit gereist?", fragte ich. „Nein, nein, die Russen wollen nur das Meer und die Sonne, der Rest ist zu Hause besser." Ich hoffte inständig, seine Export-Idee würde nicht fruchten.

Ich möchte meine Tage im Süden noch maximal ausnutzen – schon bei dem Gedanken, wieder abreisen zu müssen, fühle ich einen Hinkelstein im Magen. Gegen dieses Ungetüm im Bauch habe ich heute zum Frühstück drei Kugeln Eis gegessen, und tatsächlich ging es mir besser. In Nizza gibt es eine große Eisdiele, die ich wunderbar finde: „Fenocchio" mitten in der Altstadt bietet fast einhundert Eissorten, und mir fällt es jedes Mal schwer, mich zu entscheiden. Die verrückten Sorten wie Tomate-Basilikum, Bier und Avocado probiert nach meinen Beobachtungen jeder und jede genau ein Mal. Irgendwie ist es doch nicht schön, einen salzigen oder bitteren Geschmack im Mund zu haben, wenn ich mich durch die Kugeln schlecke. Die Chefin des Lokals, Giselda Fenocchio, ist zu einem kleinen Interview mit mir bereit. „Die besonderen Sorten wie Bier machen wir eigentlich nur aus Spaß, die werden nicht viel gegessen." Seit drei Generationen leiten die Fenocchios das Café am Platz Rosetti, und hinter der Theke stehen nicht selten Nichten, Neffen und

Enkel der Familie. In einer kleinen Fabrik hoch über dem Dorf La Gaude werden die Eispakete hergestellt, und jeder Besucher kann den Fenocchios dabei zuschauen. In ihrem Laboratorium entwickeln sie immer neue Geschmäcker. Berühmt sind sie auch für ihre mediterranen Sorten Lavendel oder Veilchen, ein Dauerbrenner. „Wir nehmen echte Früchte und echte Schokolade", sagt Giselda, und ich glaube ihr. Das Eis schmeckt einfach zu gut. Vor allem Tiramisu, dunkle Schokolade oder Zitronenbaiser.

Als uns meine Freundin Olivia mit ihrer fünf Jahre alten Tochter Frida besuchte, hatte ich ihr schon lange vorher von dem Café erzählt, das ich mir als absolutes Kinderparadies vorstellte. Schließlich gab es Eis mit Schlumpfgeschmack, mit Mausespeck und Gummibärchen. Zielstrebig gingen wir eines schönen Nachmittags an die Theke. Fridas kleiner Finger wanderte von Eiskiste zu Eiskiste, ich übersetzte alle Namensschildchen. „Das ist Blaubeersorbet, sehr lecker", sagte ich. „Das ist Zitroneneis mit Baiserstückchen, eine Spezialität von Nizza, und das ist Feigeneis – die Früchte wachsen hier doch so schön." Am Ende hatten Frida und ich alle Sorten durch. „Und jetzt darfst du dir zwei Bällchen aussuchen", sagte ich frohlockend. „Ich möchte Vanille und Erdbeere", sagte Frida.

„Wenn die Südfranzosen nicht wären", sage ich schon wie die Einheimischen, „wäre es hier wirklich ein Paradies." Denn mitten in der Idylle können mir die Handwerker und Dienstleister den letzten Nerv rauben. Täglich bin ich für meine Arbeit auf das Internet angewiesen, wie alle, weswegen auch alle eine funktionierende Verbindung zum World Wide Web haben. Alle außer mir. Jeden Morgen, nahezu mit dem Klingeln des Weckers, schaue ich angsterfüllt auf das Lämpchen unseres Modems. Blinkt es strahlend grün, wird es ein normaler Arbeitstag, blinkt es orange, werde ich wieder einmal

Stunden auf eine Verbindung warten müssen. An einem Morgen, an dem ich dringend zwei Artikel abschicken muss, blinkt es orange. Das Telefon und das Internet funktionieren nicht. Wie so häufig rufe ich von meinem deutschen Handy aus die Servicenummer an, wahrscheinlich wird mich das wieder zehn Euro kosten.

„Ihre geschätzte Wartezeit liegt bei sechs Minuten", sagt mir eine blecherne Computerstimme. Fünf Minuten später tönt sie: „Ihre geschätzte Wartezeit liegt bei vier Minuten." Ich lege auf. Denn eigentlich kenne ich die Antwort der Telefonistin am anderen Ende, die wahrscheinlich in Irland oder Indien sitzt: „Unser Netz funktioniert einwandfrei, es muss ein Problem mit Ihrem Anschluss sein. Ziehen Sie den Stecker und verbinden Sie ihn erneut." Und ich würde wie immer sagen, dass ich dies alles schon erfolglos versucht hätte, die Telefonistin würde antworten, sie könne mir einen Techniker schicken, aber wenn es an mir läge, müsste ich ihn persönlich bezahlen. Ich würde sagen, der Techniker sei schon zwei Mal da gewesen, beim ersten Mal habe er ein neues Verbindungsstück am Modem angebracht, das er beim zweiten Mal dann wieder abmontiert habe, und die Dame in Irland oder Indien würde seufzen und sagen, sie könne nun nichts mehr für mich tun.

Ich spare mir also dieses Gespräch und renne gleich zum Verkaufsgeschäft in der Innenstadt. Vorne im Laden empfangen freundliche Damen die Kunden zwischen poppigen Designermöbeln, in der abgewandten Seitengasse hingegen ist der Reparaturservice. Dort steht eine Schlange von Menschen, die wütend aussehen und alle ein Modem wie ich in der Hand tragen. Drinnen im Laden sitzt ein hagerer Mann mit Fliegerbrille, der die Kunden nicht anguckt und nicht mit ihnen spricht. Er nimmt einfach nur das Modem entgegen, schmeißt es hinter sich auf einen großen Haufen und teilt neue Modems aus, die ganz genauso aussehen. Die Frau vor mir, im Hosenanzug und in schwarzen Stiefelchen, fasst sich ein Herz und sagt zu dem Riesenbrillenmann: „Ich habe ein Geschäft zu führen. Es ist schon mein drittes Modem. So kann es nicht weitergehen." „Wollen Sie jetzt Ihr neues Modem oder nicht?" Die Frau knallt es ihm vor die Brust. „Ihr Modem ist nichts wert!", ruft sie. Sofort erscheinen wie aus dem Nichts zwei Bodyguards, muskulöse Typen im Anzug, und befördern die Frau hinaus. Ich bin die Nächste in der Schlange, nehme mein neues Modem wortlos entgegen und flüchte aus dem schrecklichen Laden. Am liebsten würde ich den Anbieter wechseln, aber als ich Hélène aufgeregt dazu anrufe, warnt sie mich nur. „Ich habe dasselbe Problem mit einer ganz anderen Firma. Lass gut sein, Annika."

Irgendwie klappt hier unten im Süden nichts so richtig. Nie läuft etwas wie vereinbart – und jedes Mal, wenn ich nachfrage, soll die entscheidende Abmachung angeblich wenige Stunden später eingelöst werden. In unserem kleinen Laden am Hafen soll es bald Biogemüsetüten geben – einmal in der Woche soll künftig ein Produzent aus Grasse sein saisonales Gemüse kiloweise verpacken, wir können es dann komplett und mit passenden Rezeptideen abholen. So die Theorie. „Die Lieferung verschiebt sich noch um eine Woche", sagt mir die nette Ladenbesitzerin. „Dann können Sie auf der Internetseite anklicken, wie viel Sie bestellen wollen." Nach zehn Tagen gehe ich auf die Seite, schon vorfreudig auf Auberginen, Tomaten und Pflücksalate aus Grasse. Unsere Épicerie taucht in der Liste nicht auf. Ich rufe den Bauern persönlich an. „Mit der Ladenbesitzerin treffen wir uns heute Nachmittag. Ich rufe Sie dann an, wenn alles geregelt ist." „Herzlichen Dank", sage ich und denke: Ob der anruft? Drei Tage später, kein Bauer hat mich angerufen, frage ich im Lädchen nach. „Wir telefonieren heute Nachmittag. Ich rufe Sie dann an." Wieder wird meine Nummer notiert, wieder klingelt es nicht. Ein paar Wochen später gehe ich noch einmal auf die Gemüsetütenseite, mein Laden um die Ecke ist gelistet. Ich bestelle die Familienpackung mit neun Kilo Obst und Gemüse. Sie wird eine Woche später ankommen, mit großen Herbstkürbissen statt Sommerauberginen und mit Äpfeln statt Pfirsichen. „Wie versprochen", sagt die Ladenbesitzerin.

Wenige Tage zuvor hatte ich beim Uhrmacher zwei Dinge abgegeben: eine Taschenuhr, deren Batterie ausgewechselt werden sollte, und eine geerbte und lieb gewonnene Küchenuhr, die immer langsamer lief. Die Taschenuhr war in zwei Minuten neu bestückt. „Das klappt ja prima", sagte ich etwas überrascht zum Uhrenmeister. „Selbstverständlich", nickte mir der elegante Herr zu. In seinem Laden nahe dem Hafen standen ansonsten nur Armbanduhren und Schmuckstücke aus dem 17. und 18. Jahrhundert zum Verkauf, die meisten für einige tausend Euro. „Wegen Ihrer Küchenuhr melde ich mich heute Nachmittag." Beschwingt trat ich auf die Straße, endlich ein Mann, der sein Handwerk versteht! Am Nachmittag kein Anruf, am nächsten Tag wieder nichts. Am dritten Tag rief ich ihn an. „Oui oui, Madame, ich erinnere mich. Ich werde Ihre Reparatur mit dem Uhrmeister besprechen." Was es denn da zu besprechen gäbe? „Wir müssen sehen, ob sie vielleicht neue Zeiger braucht. Ich melde mich umgehend." Am nächsten Tag hatten wir immer noch keine Nachricht, aber dafür funktioniert der kleine Wecker an der Taschenuhr nicht mehr. Offenbar hat der Meister beim Batteriewechsel die Klingel zugeklebt, die Töne sind so schwach, dass wir sie glatt überschlafen haben.

Der Uhrmacher ist nicht der Einzige.

Liegt es vielleicht an der Mafia? Immer häufiger lese und höre ich davon, dass Italiens berüchtigte Organisation längst über die Grenze an die Côte d'Azur geschwappt sei. Ich selbst hatte in einer Reportage darüber berichtet, wie einige Bürgermeister in Ligurien von Rom aus abgezogen wurden, weil sie Geschäfte mit der Mafia gemacht hatten, indem sie etwa das Abwassersystem ihrer Stadt an mafiöse Firmen verhökerten. Und zwischen ihren Orten und der Côte d'Azur lagen ja nur wenige Kilometer. Tatsächlich lässt sich der mafiöse Einfluss schon an der italienisch-französischen Grenze erahnen: „N'Timiglia" hat jemand auf das Straßenschild von Ventimiglia gesprüht – eine Anspielung auf die kalabrische Mafia 'Ndrangheta. Unterhalten kriminelle Banden Firmen am Mittelmeer? War mein Uhrmacher tatsächlich ein Uhrmacher oder nicht in Wirklichkeit ein Scheinunternehmen zur Geldwäsche? Immerhin schienen mir die alten Schmuckstücke dort sehr teuer zu sein, der Eingang wurde durch elektrische Türen wie eine Bank gesichert. Mitten in diese Überlegungen erreicht mich ein Einschreiben vom Gericht in San Remo. „Gegen Annika Joeres, geboren in Deutschland, wird wegen folgender Straftat ermittelt: Straftatbestand gemäß Artikel 595, Absatz 1, Absatz 3, und 596 des italienischen Strafgesetzbuches." Der Staatsanwalt hatte offenbar vor Monaten die Einstellung des Verfahrens, über das ich gar nicht erst informiert wurde, gefordert – und wurde abgewiesen. Nun hatte der von mir als mafiös beschriebene Bürgermeister eine Wiederauflage erreicht. „Ich fasse es nicht", sagte ich zu Rehab. „Da läuft ein Verfahren gegen mich, und ich weiß gar nichts davon?" „Ach, das passiert häufiger in Italien." „Das darf doch nicht wahr sein. Was mache ich denn jetzt?" Das Tribunale San Remo hatte mich erst jetzt informiert – und mir im selben Brief vorgeworfen, nicht an einer Anhörung zwei Wochen zuvor teilgenommen zu haben. Stattdessen war mein Pflichtverteidiger namens Dottolo aufgetaucht, der mich offenbar vertreten hatte, ohne sich mit mir abzusprechen. Dabei hätte ich ihm leicht die Quelle für meine Mafia-Behauptung geben können, sie stammte von einer Staatsanwältin und war meiner Meinung nach bombenfest.

Über die italienischen Gelben Seiten fand ich schließlich besagten Dottolo. Ich rief in seiner Kanzlei an. Er selbst war nicht zu sprechen, ein Kollege von ihm sagte mir, ich solle ihm das Schreiben einscannen und zumailen. Zwei Tage später rief ich die Kanzlei erneut an, wieder ging sein Kollege dran. „Senden Sie uns Ihre Fragen per E-Mail zu, wir antworten dann. Unser Honorar liegt bei maximal 600 Euro." „Ich muss aber doch erst einmal wissen, ob dieser Prozess überhaupt weitergeht, bevor ich Ihre Mandantin werde." „Aber nur wir können Ihnen ja sagen, ob der weitergeht oder nicht. Wir wenden uns ans Gericht, und das kostet eben." Ich sagte nichts mehr. „Sehen Sie", meinte er freundlicher, „jeder Anwalt, auch ein deutscher, würde so handeln." Er sei aber „sehr optimistisch" wegen des Falls. Auch sagte er, nicht Dottolo, sondern ein anderer Verteidiger sei bei der Anhörung erschienen, die Richterin habe aber noch keine Entscheidung verkündet. Er könne sich aber morgen beim Gericht über ihren Beschluss erkundigen.

„Warum haben Sie mich nicht über diesen Prozess informiert, der läuft ja offenbar schon seit Monaten?", fragte ich erzürnt. „Sie haben kein Anrecht auf Information, solange Sie nicht in Italien wohnen." Und außerdem müsse ich Dottolo, meinen Amtsverteidiger, in jedem Fall bezahlen, auch wenn die Anzeige nicht weiter verfolgt würde, auch dies sei italienisches Recht. Ich legte auf.

Meine Zeitung erkundigte sich bei Rechtsanwälten in Italien, und wir beschlossen, das Spiel erst einmal zu torpedieren. Wir würden uns keinen eigenen Anwalt nehmen und auch Dottolo nicht behelligen. Schließlich saß der Kläger inzwischen für Veruntreuung öffentlicher Gelder, Geldwäsche und Betrug in Untersuchungshaft – meine Sätze über ihn hatten sich also im Nachhinein erneut bewahrheitet.

Zwei Monate später erhielt ich eine E-Mail mit der italienischen Aufforderung, zuerst Geld für eine Übersetzung zu überweisen, um dann ein Schriftstück des Tribunale zu erhalten. Ich nahm an, das Verfahren sei nun eingestellt, meldete mich nicht und zahlte auch nichts. Seitdem habe ich nie wieder davon gehört. Rehab hatte recht: „Im italienischen Staat kann dir viel passieren. Am besten, du ignorierst erst einmal alles."

Laut Rehab ist die Mafia nicht an der Grenze zu stoppen. „Warum sollten sie in Ventimiglia aufhören? Hier an der Côte d'Azur ist doch noch viel mehr Geld zu holen." Rehab hat ihre Kindheit in Kalabrien verbracht, dem südlichsten Zipfel des Stiefels. Bei vierzig Grad im Sommer habe sie damals schon die meist männlichen Gangs in den Cafés beobachtet, alles sei unter den verschiedenen mafiösen Strömungen ausgehandelt worden. „So weit ist es hier natürlich nicht", sagte sie. „Aber manchmal sehe ich wieder so seltsame Gruppierungen, ich habe ein Auge dafür", meint sie. Rehab möchte nicht mehr nach Italien zurück.

„Ich lebe hier besser", sagt die junge Physikerin. „Hier gibt es noch ein bürgerliches Gewissen, die Menschen halten sich an Regeln. Die Italiener sorgen sich um ihre Familie und um Freunde, der Rest ist ihnen egal." Rehab schüttelt ihre tiefschwarzen Locken. „Schon als Kind siehst du Politiker, die Millionen klauen und trotzdem frei herumlaufen. Das prägt." Ein bisschen Heimweh hat sie trotzdem. Sie vermisst die temperamentvollen Italiener, die sofort für ein Schwätzchen zu haben sind. Gleich nach dem Umzug von Kalabrien nach Ventimiglia brachte ihr die neue, auch aus Kalabrien stammende Nachbarin den heimatlichen Mandelkuchen vorbei. Sie und ihr Freund wurden mehrmals die Woche von der italienischen Mamma bekocht.

„In Frankreich habe ich meine Nachbarn nie kennengelernt", sagt Rehab. „Italiener haben mehr Herz." Ich denke an meinen Amtsverteidiger Dottolo und gucke sie zweifelnd an. „Viele zumindest", meint sie dann.

November

BEINAHE WÄRE ICH BEIM JOGGEN auf den Oliven auf der Straße ausgerutscht. Kiloweise fallen die kleinen schwarzen Früchte in Nizza von den Bäumen. Bei unserem ersten Urlaub in Südfrankreich hatte ich mal eine Olive direkt vom Baum genascht. Und sie gleich wieder ausgespuckt: Unbehandelt sind sie schrecklich bitter, in meinem Mund zog sich alles zusammen. „Ungiftig, aber nicht lecker", sagt unsere italienische Nachbarin, die im Laufe der Monate immer offener geworden ist. Im Flur wechseln wir immer wieder ein paar Worte. Sie erzählt uns, sie ernte mit dem Ehepaar über uns die Bäume auf unserem Grundstück ab. „Wollt ihr nicht mitmachen? Am Ende können wir uns das Öl teilen."

Natürlich wollen wir. Versenken wir doch seit Kurzem unser Gemüse allabendlich ganz mediterran in reichlich Öl. Und überhaupt, Oliven in Nizza zu ernten, das klingt fantastisch! Olivenbäume sind auch fantastisch. Sie können bis zu tausend Jahre alt werden. Wer den Stamm auf einem Meter Höhe absägt, wird im kommenden Jahr viele neue Äste vorfinden. Selbst Bäume, die bei der legendär gewordenen Kältewelle im Winter 1985 überirdisch abfroren, lebten durch Bodentriebe wieder auf. Auf unserem Balkon ziehen wir auch ein kleines Bäumchen, das wir bei dem Producteur Luc gekauft haben. Sein Stämmchen kam uns ziemlich teuer vor, aber Luc wusste auch, warum. „Die großen Blumenhandlungen im Var-Tal lassen sich Jahrzehnte alte Olivenbäume aus Spanien kommen, die dort einfach brutal aus dem Boden gerissen wurden." Ihre Wurzeln würden abgehackt, und nur ein kleiner kümmerlicher Rest werde für die Verladung stehen gelassen. „Gerade so, dass sie nicht sterben, aber auch nicht leben können." Die Großeinkäufer würden den Olivenbaum für einige hundert Euro erwerben und ihn dann als hundertjährigen Baum anpreisen. „Er mag ja hundert Jahre alt sein", sagt Luc, „aber er wird nie wieder wachsen. Er ist quasi mumifiziert."

Über viele Jahrhunderte haben die Menschen an der Küste und in den Dörfern im Umland von dem „schwarzen Gold" gelebt. Olivenbäume brauchen kältere Wintertage, um die Früchte zu bilden, genauso benötigen sie aber auch Hitze im Sommer – für sie ist das Klima in den Seealpen ideal. Auch wenn sie nicht am französischen Mittelmeer heimisch sind. „Eigentlich gab es hier nur Eicheln und Rosmarin", sagt meine Wanderfreundin Hélène. Bevor sie als Sozialarbeiterin vernachlässigte Kinder aus Familien holte, hat sie eine Ausbildung zur Gärtnerin gemacht. Kurz vor unserer ersten Olivenernte waren wir stundenlang über Utelle unterwegs, einem kleinen Dorf nördlich von Nizza. Auf einer sonnigen Anhöhe fanden wir unter Dornenbüschen dutzende Riesenschirmpilze. „Das gibt es doch gar nicht, der ist ja so groß wie eine Pfanne." Hélène war wie berauscht und schnitt mit ihrem kleinen Messerchen einen Pilz nach dem anderen, bis wir drei volle Tüten außen an unsere Rucksäcke hängen konnten. Auf dem Weg zum Kloster Madone d'Utelle fragten uns viele Wanderer aus. „Ach, wo habt ihr denn die Coulemelle gefunden?" „Dahinten", sagte Hélène und zeigte irgendwo in die Berge. Alle lachten. Unter französischen Pilzsammlern wird sich nichts geschenkt. Niemand verrät, wo er die Pilze gefunden hat. „Wir kommen doch nächstes Jahr wieder", sagt Hélène verschwörerisch.

Zum ersten Mal in meinem Leben habe ich Pilze gesammelt, und ich bin etwas skeptisch. Hélène beruhigt mich. „Genau diese Sorte habe ich schon mehrfach gegessen, mach dir keine Sorgen." Wir erreichen die Abtei, ein graues Gemäuer auf einer windigen Hochebene mit einem Rundumblick bis zum Meer und die Dreitausender im Hinterland. Eigentlich wollen wir nur einen Kaffee trinken, aber dann entdecke ich in dem kleinen Lädchen der Abtei zwischen Mönchsbier, Nonnenbonbons und Heiligenbildern auch ein Bestimmungsbuch für Pilze. Ich schlage die Seite mit dem Pilz auf, der genauso aussieht wie unsere Ernte. „Hochgiftig" steht dort, „leicht zu verwechseln mit dem Riesenschirmpilz." Ich zeige der Nonne unsere Pilze. „Nein, Ihr Pilz ist essbar, das rieche ich", sagt sie. Ich finde, sie selbst riecht nach dem Kräuterlikör, den sie anpreist, und will ihr nicht ganz vertrauen. Eine Senioren-Wandergruppe kommt zur Tür herein – Madone d'Utelle mit seinem kleinen Café ist ein beliebtes Ziel. „Das ist der Riesenschirmpilz", sagt ein Mann mit Bundfaltencordhose und Karohemd. „Ich habe sie schon als kleiner Junge mit meinem Vater gesammelt. Ich erkenne sie an dem Ring um den Stiel, er ist verschiebbar. Bei den giftigen Sorten ist der Ring andersherum gestülpt und fest." Klingt überzeugend. Hélène ist ein wenig muffig, dass ich so misstrauisch bin. „Ich sammele auch schon viele Jahre", sagt sie.

Nach unserem Abstieg nach Cros d'Utelle, 800 Meter unterhalb der Nonnen, kommen wir in der Dämmerung an unser Auto. Je tiefer sich die Nachtschwärze auf uns und unsere Riesenschirmpilz-Ernte senkt, umso ängstlicher werde ich schon wieder. Ich probiere ein Stück vom Pilz, viele giftige schmecken bitter, aber nicht alle, hatte mir der Bundfaltentyp noch gesagt. „Schmeckt eigentlich ganz gut", sage ich zu Hélène. „Du hast in den rohen Pilz gebissen? Bist du wahnsinnig?" Hélène lacht. „Wird schon nicht so schlimm sein, aber roh habe ich den noch nie gegessen."

Zwei Stunden später, frisch geduscht nach dem langen Wandertag, rufe ich Hélène schon wieder an. „Tolle Wanderung heute. Haben dir deine Pilze geschmeckt?", frage ich beiläufig. „Ja, danke der Nachfrage", sagt Hélène. „Wenn ich gleich tot umfalle, rufe ich dich noch einmal an."

Unsere Vorfahren in Südfrankreich dürften von Pilzen und Eicheln gelebt haben. Letztere fallen auch heute noch tonnenweise in den Wäldern herunter. Sie sind nicht giftig, aber auch nicht lecker, schmecken eher fad und bitter. Bis ins Mittelalter gab es weder Olivenbäume noch Palmen an der Côte d'Azur, auch die Orangenbäume wurden zunächst aus dem Nahen Osten importiert. Jedenfalls ist dies die These der einflussreichsten Botaniker – andere behaupten, Olivenbäume seien auch hier heimisch. Sicher ist nur, dass die wertvollen Bäume schon seit Jahrtausenden in Griechenland wuchsen. Die olympischen Sieger trugen einen Kranz des Ölbaums auf dem Kopf, und in der biblischen Noah-Geschichte verrät der Olivenzweig im Schnabel der Taube, dass das Leben auf die Erde zurückgekehrt ist. Ich freue mich sehr auf die Ernte vor der Haustür.

Rund um unseren Pool stehen fünf Olivenbäume, bestimmt fünf Meter hoch. Bislang habe ich sie immer als willkommene Schatten-, aber nie als Fruchtspender betrachtet. Dabei hängen sie voll mit den schwarzen Knubbeln! Zuerst spannen wir die typischen orangefarbenen Netze zwischen ihnen auf. Unsere Nachbarin hält Bambusstöcke für uns bereit, und wir schlagen stundenlang auf die Zweige ein, bis die Oliven nur so herunterprasseln. Es regnet grüne, grün-schwarze und schwarze Oliven, je nach Reifegrad. Früher dachte ich immer, schwarze Oliven seien eine andere Sorte als grüne, aber in Wirklichkeit sind die einen reif und die anderen unreif. Je schwärzer, desto mehr Öl ist in jeder Olive.

„Ganz schön anstrengend", sage ich nach einer Stunde zur Nachbarin. „Das Olivenöl verdient man sich", erwidert sie nur. Professionelle Anbauer benutzen heutzutage elektrische Harken, die vibrierend zwischen den Zweigen hin- und herfahren und so die Früchte abschlagen. Für unsere paar Bäume reichen aber die Bambusstangen. Zu zweit ist ein Baum in etwa drei Stunden abgeerntet, er wird später rund acht Liter Öl einbringen, bei gutem Schnitt und in guten Jahren auch mal doppelt so viel. Meine Arme tun weh, ich werde ein paar Tage Muskelkater haben. Dafür aber einen sinnvollen.

Auch unsere Nachbarn über uns ernten mit. Das Ehepaar hatte mich schon ein paar Mal im Treppenhaus verstört, weil er so stumm hinter ihr herzuschleichen schien. „Mein Mann ist dement", sagt sie heute zu mir. „Das tut mir leid!" „Früher war er ein großer Geschäftsmann, er reiste um die ganze Welt. Dann verlor er seinen Posten, er wurde herabgesetzt. Der Stress hat ihn krank gemacht." „Vom Stress ist er dement geworden?" Diesen Grund für die weit verbreitete Krankheit hatte ich noch nie gehört. „Ja, genau", sagt sie. Später google ich „Demenz" und „Stress", und tatsächlich scheint beides zusammenzuhängen. Wie wahrscheinlich sehr viele Krankheiten mit Stress verbunden sind.

Das Ehepaar führte einst ein klassisches Managerleben. Er war Abteilungsleiter bei einer großen Bank und hat viel Geld verdient, sie besitzen ein Chalet in den Alpen, ein großes Haus bei Paris und eben die Nachbarwohnung in Nizza. Der typische Immobiliendreiklang von reichen Franzosen. Eigentlich ein luxuriöser Lebensabend, wäre nicht das Leben schon beim Geldverdienen zum Hauskauf verbraucht worden. „Ich kann nicht mehr viel mit ihm machen, aber an der Olivenernte hat er Spaß", sagt die kleine Frau. Sie ist zierlich und hat schüttere Haare, ihr Mann sieht seltsamerweise viel kräftiger und gesünder aus. Und er schlägt zielstrebig und ausdauernd auf die Bäume ein, zum ersten Mal scheint er nicht nur seiner Frau zu folgen. Ich frage mich, wie viele Personen wohl ihren goldenen Lebensabend an der Côte d'Azur vorbereiten und dann nicht dazu kommen, im gelobten Süden zu wohnen. Hans und ich haben darüber gesprochen, „erst einmal" nach Deutschland zurückzugehen, um dann später wieder an die Côte d'Azur zu ziehen, vielleicht zur Rente, vielleicht schon einmal ein Sabbatjahr vorher. Aber werden wir das auch rechtzeitig machen? „Eigentlich müssen wir jetzt hier wohnen, solange wir noch fit sind", sage ich später zu Hans. „Sage ich ja die ganze Zeit." Hans hat recht. Seit Monaten plädiert er dafür, alles daranzusetzen, in Südfrankreich zu bleiben. „Ich weiß auch nicht, ob wir hier dauerhaft glücklicher sein werden. Aber allein die Möglichkeit sollten wir nutzen. Ein Nizza-Jahr in fünf Jahren wird mich die restlichen vier Jahre in Deutschland sicherlich nicht beschwingen. Morgen kann alles ganz anders sein." Wahrscheinlich liegt er richtig, denke ich, während ich die Oliven von den Netzen in die Körbe auflese. Aber ist dieser Gedanke ein Wunder, wenn ich in der Sonne, im T-Shirt mitten im November, meine ersten Oliven ernte?

Am Abend sitzen wir noch zusammen und bereiten die Salzlake für die Oliven vor, die nicht zur Mühle gebracht werden sollen. Dabei gilt: Je mehr Salz in der Lake, desto schneller ist die Frucht von ihren Bitterstoffen befreit. „Wenn die Oliven länger einliegen, schmecken sie aber besser", sagt unsere Nachbarin. Wir versuchen ein Mittelding und lösen 10 Gramm Salz pro Liter auf, ein paar Gläser können wir schon füllen. „Und für das Öl müssen wir sie gar nicht einlegen?", frage ich. „Nein, dafür werden die Oliven einfach direkt gepresst. Du wirst sehen, zuerst schmeckt das Öl auch etwas bitterer und nach ein paar Monaten dann nussiger. Das ist der natürliche Prozess."

Am nächsten Nachmittag bringen wir unsere Körbe voller Oliven zu einer Ölmühle im Hinterland, in Levens. Die Straße dorthin führt durch enge Schluchten, aber schon im ersten Kreisverkehr des Dorfes weitet sich der Blick, es ist eine Hochebene mit Bergpanorama, die Küste scheint weit weg zu sein. Auf einer Verkehrsinsel thronen in der Mitte zwei Steinplatten. Ein Symbol für die jahrhundertelange Tradition. Damals wurden die Oliven zwischen diese Platten gelegt, die obere war über einen Strick an einen Esel gebunden, der sie im Kreis laufend drehte. Unten floss das Öl in gusseiserne Kanister. Schon fünfzig Meter vor der Mühle hören wir die elektrische Zentrifuge lärmen, der Meister hat Ohrenschützer auf. Ältere Männer mit ledriger Gesichtshaut stehen vor der Tür und laden ihre Lieferwägen aus, Peugeots, meistens weiß und mindestens fünfzehn Jahre alt. So habe ich mir das auf dem Land vorgestellt. Etwas ärmlich wirken unsere beiden Körbe neben den waschkörbeweisen Lieferungen der Alten. „Das macht gar nichts, jede Olive zählt, nicht wahr?", sagt der Meister. Viele Dörfer im Hinterland der Côte d'Azur haben ihre alten Mühlen wiederbelebt. „Vor zwei, drei Jahrzehnten wollten die Menschen hier plötzlich nichts mehr in ihrem Garten ernten", erzählt der Meister. „Die Supermarktwerbung", er tippt sich mehrfach mit dem Zeigefinger an die linke Stirn. „Heute wollen gerade die Jungen wie du" – er zeigt auf mich – „wieder ihr Essen selber anbauen. Gut so. Schließlich arbeiten wir doch, um gut zu essen, oder?" Ich nicke begeistert über diese einfache Logik. An die alten Zeiten, als Levens und seine Nachbardörfer von den Oliven gelebt haben, kommen wir aber nicht mehr heran. „Früher haben hier im Dorf 1000 Menschen gewohnt und wir hatten fünf Mühlen. Heute haben wir 5000 Einwohner und eine Mühle", erzählt der Meister.

Zur Feier unserer ersten Olivenernte gehen wir mit Freunden einen trinken. Aber moderat, denn die Südfranzosen betrinken sich nicht oder nur sehr, sehr selten. Komischerweise, ich habe sie mir immer wein- und champagnertrunken in den Abend hinein feiernd vorgestellt. Aber die Einzigen, die besoffen über den Asphalt torkeln, sind Engländerinnen und Engländer, zu erkennen an den kurzen Röcken über weißen Beinen und den karierten Hemden über Bierbäuchen. Okay – es könnten auch Deutsche sein. Hélène schaut vorbei, wie immer recht spät, aber herzlich und mit einem Liter selbstangerührtem Genepi-Schnaps in der Hand, ein kleines Kraut mit gelben Blättern, eine Art Beifuß, das sie auf Wanderungen von Schotterpisten und Steinhängen sammelt. „Ihr müsst aber aufpassen, wie viel Prozent der hat, kann ich gar nicht sagen", meint sie. Wie so häufig hat sie auch an diesem Tag einen Flyer für eine Demonstration mit dabei, auch bei ihrem Service für Kinder aus schwierigen Familien soll gekürzt werden. „Die Stadt hat ihr gesamtes Geld in die Tram und ihre neuen Parkhäuser gesteckt, und jetzt ist keines mehr da." Ich verspreche ihr, mitzumarschieren.

In der Altstadt finden sich die meisten Bars. „Une blanche", sage ich zum Kellner und erwarte ein schönes Weizenbier. Fünf Minuten später taucht er mit einem Glas Weißwein auf, einem „blanc" eben. Habe ich eine so schlechte Aussprache? Ich schaue auf die Getränkekarte – dort ist als einziges Bier ein „Heineken" – gesprochen „Eineken" – zu haben. Um uns herum sitzen junge Menschen, Studenten oder sogar Abiturienten, sie alle haben ein Weinglas vor sich. Soweit ich mich erinnern kann, haben vor ein paar Jahren in meiner Abiturklasse nur wenige Schulfreunde Wein getrunken. Dafür viel Bier, manchmal Bowle und später auch Jägermeister, als es der Schnaps urplötzlich aus den sauerländischen Opakneipen in die angesagten Großstadtbars schaffte.

Wir bedusen uns ein wenig am Wein. Plötzlich stehen ein paar Gäste auf und fangen an, zu französischen Chansons zu tanzen. Franzosen unterscheiden weniger zwischen Café und Disko, alles passiert in beidem. Unsicher bewege ich meine Lippen zu den unbekannten Hymnen, hoffe, sie vielleicht mitsingen zu können. Irgendwann, es ist schon spät, tanzen auch wir, ich glaube, zu einem Lied von Johnny Hallyday. Als wir um zwei Uhr morgens vor der Villa Angustina stehen, kommt gerade unsere Nachbarin auf Drogen angefahren und ratscht mit ihrem Kotflügel an der Häuserwand entlang. Zum ersten Mal sind wir ähnlich bedüselt wie sie. „Ich war spazieren", erzählt sie uns. „Jetzt, in der Dunkelheit?" „Oui, oui." „Wir waren auch unterwegs", sage ich und erzähle ihr von unserem Abend. Ein seltsames Gespräch im Dunklen vor unserer Eingangstür.

Eine Woche später können wir unser Öl in einem Edelstahlkanister abholen. Die fünf Bäume brachten zwanzig Liter Öl für uns alle. Noch am Abend essen wir Tomaten mit Olivenöl, oder besser Olivenöl mit ein bisschen Tomate. Und es schmeckt fantastisch.

Am nächsten Tag fahren wir über die Hügel Nizzas an dem wohl seltsamsten Haus der Region vorbei. Es ist gepflastert mit Sprüchen. „Guck mich an" steht beispielsweise auf einer Kachel, „Wohin?" auf einer Gießkanne. Oder auch: „Dies ist Kunst", „Es gibt eine Lösung" oder: „Das betrifft mich". Die Villa im Stadtteil Saint Pancrace gehört Ben, dem bekanntesten Fluxus-Künstler Frankreichs. Ben ist in Italien geboren, hat Schweizer Eltern und lebt seit Jahrzehnten in Nizza. An der Côte d'Azur gehen Schulkinder mit Heften in die Klasse, auf denen Worte wie „Nichts und alles" stehen, die Papeterien verkaufen Postkarten mit Fragen wie „Ist das Nichts wichtig?". Vor allem aber stehen seine Schreibschriftkommentare auf den dreiundzwanzig Tramhaltestellen in Nizza.

An der Universitätsstation prangt der Spruch: „Sein ist anders", in der Altstadt: „Ich erwarte das Unmögliche". „Woher soll ich wissen, ob das Kunst ist?" steht am Platz Garibaldi.

Ich war sofort fasziniert von der weißen Kinderschrift auf schwarzem Grund. Nur zu gerne wollte ich den großen einheimischen Künstler treffen, ich mag seine Selbstironie. Und die Côte d'Azur scheint sehr stolz auf den selbst ernannten Nachfolger von Marcel Duchamp zu sein, so sehr, dass sie ihm gleich diese stark frequentierten Orte widmet.

Anfang der 1960er-Jahre wollte Ben aus allem ein Kunstwerk machen, er war überzeugt von der Idee, alles könne besonders, könne künstlerisch wertvoll sein, wenn man es nur dazu erkläre. So begann er, zu signieren, was ihm in die Finger kam, Bilder anderer Künstler, seinen Unterarm, einen Teller voller Nudeln. Die Aktion endete zwei Jahre später mit einer eigenhändig unterzeichneten Erklärung, von nun an nichts mehr unterschreiben zu wollen. Geniale Idee.

Ben Vautier passt mit seiner Streetart eigentlich weniger zu den impressionistischen Künstlern, auf die Nizza und seine Region so stolz sind. Das Chagall-Museum ist ein großer Erfolg, die Menschen wollen nach Saint-Paul-de-Vence fahren, um auch den herrlichen Ausblick über die Hügel aufs Meer zu genießen, die Farben einzusaugen, die die Region berühmt gemacht und Künstler wie Chagall und Matisse bezaubert haben. Bens schwarz-weißen Sprüche passen nicht so recht in das pastellfarbene Bild.

Ich habe ein Interview mit ihm in einer Ausstellung in Monaco gesehen, in der seine Sprüche ausgestellt wurden und er sogar die Wände mit Graffiti besprüht hat. „Zu Hilfe, die Kunst kann sich nicht mehr stoppen" stand über der Eingangstür. Mitten in der Ausstellung hat er mit Sprühfarbe eine Fläche markiert, auf der die Besucher Tango tanzen sollen. Ich musste lachen beim Anblick der monegassischen Kunstversteher, die in Kostümen und Anzügen etwas pikiert durch die Räume liefen. Tango tanzte keiner, ich traute mich auch nicht, aber Bens Ideen ließen die Menschen stutzen.

Der Künstler ist heute beinahe achtzig Jahre alt und bepinselt noch immer alles, was ihm unter die Finger kommt. Seine Arbeit ist wie sein Haus – unglaublich bunt, unordentlich und voller Ideen. Aus der Hauswand stakst das Bein einer Schaufensterpuppe, über einem quer gespannten Seil hängen Plastikpilze, bemalte Autoreifen und ein Pappmaschee-Nashorn, über der Tür ein altertümliches Kinoschild, und überall sind seine Schreibschrift-Sprüche zu lesen. Das Haus lässt sich nicht besichtigen, aber schon von außen ist es eine Schau. „Früher war es einfacher, Alltagskunst zu machen", sagte Ben bei dem Interview in der Ausstellung. „Heute habe ich Angst, nur noch als Wiederholer zu gelten."

Von ihm persönlich war ich allerdings enttäuscht, weil er unablässig frauenfeindliche Sprüche abließ. Er sagte etwa, die Brüste seien das Wichtigste an einer Frau. Sollte das auch zum Nachdenken anregen? Seine eigene Frau Annie hat ihn nach eigenen Angaben schon mehrfach mit ihren zwei gemeinsamen Kindern verlassen – und kam jedes Mal wieder. Annie ist auch Künstlerin und studierte Philosophin, aber Ben sei „so kritisch mit mir gewesen, dass ich aufgehört habe zu schreiben", sagte sie einmal der *Nice Matin*. Am liebsten würde ich ihr einen nicht sonderlich einfallsreichen Spruch von Ben vor die Nase halten: „Mut ist das Wichtigste." Vielleicht wäre es besser gewesen, ich hätte nicht so viel über Ben erfahren – vor den Interviews hatte ich ihn mir als recht jungen, aufmüpfigen Künstler mit revolutionären Ideen vorgestellt, nun muss ich an den Tramhaltestellen immer noch lächeln, aber zugleich an seine Annie denken. Ich ärgere mich.

Nach fast einem Jahr kommt mir das Leben in Nizza zunehmend andersartig vor. Die Zeit verschärft meinen Blick auf den französischen Alltag wie unter einem Mikroskop. „Eigentlich habe ich gedacht, bis auf das Klima sei das Leben in Europa überall ungefähr gleich", sage ich zu Hans. „Aber das stimmt nicht. Das Leben in Bochum und in Nizza ist doch unterschiedlich." Wir kommen problemlos zurecht, alles ist annähernd so wie in Deutschland, die Menschen tragen die gleiche Kleidung, die Bankschalter ähneln sich, in den Supermärkten liegt die gleiche Nahrung aus, und wenn ich keine blonden Haare und keinen deutschen Akzent hätte, würde ich vielleicht gar nicht auffallen.

Aber Südfrankreich fängt schon beim kleinen Kaffee an. Eigentlich mag ich ihn gerne mit einer stichfesten Schaumhaube. Sodass ich braunen Zucker drauf rieseln lasse und er obendrauf liegen bleibt. Undenkbar in Südfrankreich. Allenfalls überzieht ein Hauch Crema die Tasse.

Für einen Artikel über die französische Kaffee-Kultur spreche ich mit Jean-François Torrent, der in seinem kleinen Geschäft in der Altstadt von Nizza die begehrten Bohnen röstet. „Ein Latte macchiato ist ein süßes Dessert, aber keinesfalls ein Kaffee", sagt er streng. Wie in einem Tante-Emma-Laden bewahrt Torrent den Kaffee in hölzernen Schubfächern auf. Dreißig verschiedene Sorten hat er im Angebot, von „kräftig-rassig" bis „sinnlich-mild". „Nur der pure Kaffee offenbart den wahren Geschmack", sagt der Barista. Auch der 34-Jährige trinkt seinen schwarz – mindestens dreimal am Tag.

Was in Berliner und Bochumer Cafés als Espresso verkauft wird, ist hier ein normaler Kaffee. Klein und schwarz und stark. Auch die transportable Variante in Styroporbechern kennen die Südfranzosen nicht. Sie stürzen ihren kleinen Schwarzen an der Bar auf dem Weg zur Arbeit oder nach dem Mittagessen in der Kantine herunter. Die Franzosen sind so stolz auf ihre gesamte Küche, auf Paul Bocuse und alle seine Nachfolger, dass sie nur wenig an ihr ändern wollen. Inzwischen hat selbst die UNESCO das typische französische Menü mit Apéritif, Vorspeise, Hauptgericht, Nachtisch, Käse und Kaffee zum Weltkulturerbe erklärt.

Bei Torrent ist es ein Erlebnis, ein Getränk zu kaufen. Ich beobachte, wie der Mittvierziger jeden Kunden belehrt, der nach Kaffeekapseln oder den dazugehörigen Automaten fragt. „Die Kapseln sind Dreck", sagt er. Die Hersteller müssten ihre Zutaten nicht auf die Packung schreiben, aber die Kapseln seien voller Zusatzstoffe. „Das ist Dreck", sagt Torrent immer wieder. Inzwischen schmeckt der „Dreck" aber auch zunehmend den Franzosen: Im Jahr 2000 gab es noch zehn sogenannte „torrefacteurs" in Nizza, heute hat Jean-François Torrent nur noch einen Mitkonkurrenten. Und am bedeutendsten Platz der Stadt, dem Masséna, hat inzwischen auch ein Kapsel-Geschäft eröffnet.

Torrent hat sein Metier vom Vater geerbt und kennt „jede Bohne", wie er lachend sagt. Alle drei Monate wechselt er das Sortiment. Er lässt mich an verschiedenen Bohnen schnuppern. „Ehrlich gesagt riechen die für mich alle sehr ähnlich", sage ich kleinlaut. „Pah, Sie haben eben einen unterentwickelten Geschmack." Er braut mir einen kleinen starken Kaffee und schüttet etwas kochendes Wasser dazu. „Sie können ja nichts dafür", sagt er, nun etwas milder. „Wie viele Röstereien gibt es denn bei Ihnen in Deutschland?" „Keine Ahnung", sage ich und fasele etwas von Dallmayr Prodomo und Tchibo, der jetzt vor allem mit Fahrradhelmen und Damenunterwäsche sein Geld verdient.

Torrent guckt mich verständnislos an. Ein französisches Paar kommt in sein Geschäft und will seinen Morgenkaffee kaufen. Torrent ist in seinem Element. „Trinken Sie Ihren Kaffee auf nüchternen Magen oder zum Frühstück? Und was essen Sie dazu? Haben Sie einen empfindlichen Magen?

Und wie groß ist Ihre Tasse?" Ich muss lachen, wie akribisch die beiden aus ihrem Alltag berichten. Torrent hört zu, überlegt kurz und verkauft ihnen zwei passende Sorten.

„Kaffee ist eine Leidenschaft", sagt er pathetisch. Im Prinzip komme es immer auf die Mischung der zwei großen Sorten Arabica und Robusta an, erklärt Torrent. Arabica werde in großen Höhen und mit mehr Aufwand gepflanzt und geerntet, Robusta sei die preisgünstigere Variante aus dem Tiefland. „Dazwischen gibt es unendlich viele Varianten und Mischungen." Deshalb schmecke jeder Kaffee anders.

Die Franzosen hängen an ihrem starken Mini-Getränk. Wie schön, dass sie damit Giganten wie Starbucks fernhalten. 2004 hat die amerikanische Kette ihre ersten Filialen in Frankreich eröffnet – und schrieb viele Jahre Verluste. Im Süden des Landes ist Starbucks praktisch gar nicht vertreten, obwohl an der Côte d'Azur zahlungskräftige Kunden und Touristen aus aller Welt konsumieren könnten. Allein in Paris konnte sich das Konzept durchsetzen.

Die Franzosen haben sich immerhin nicht an Starbucks angepasst, sondern umgekehrt. Seit Kurzem hat die Kette den „Café Gourmand" ins Pariser Programm genommen: ein französisches Dessert mit starkem Espresso und drei kleinen Makronen oder einer Makrone und einem Mini-Flan. Die Miniaturleckereien sind weit entfernt von den gewohnten Halbliterbechern mit den schokoladenüberzogenen Muffins.

Inzwischen ist schon Mitte November. Noch sechs Wochen, denke ich und möchte am liebsten noch einmal alle schönen Wege mit dem Rad befahren, alle Wanderpfade begehen und alle Menüs noch einmal essen, die mir so gefallen haben. Ich möchte alles gesehen und erlebt haben, möchte die Schönheit der Berge, das klare Blau des Meeres, die Köstlichkeit der Küche noch einmal in mich aufsaugen und mit nach Hause nehmen. Für Hans gibt es da nichts mitzunehmen. Für ihn steht fest, dass er im Süden dauerhaft glücklicher ist als in Deutschland. „Manchmal wundere ich mich, dass nicht alle hier wohnen wollen, aber ich bin froh drum", sagt er. Wenn Freunde zufrieden über ihre neue schöne Wohnung im Münsterland, in Berlin oder im Ruhrgebiet erzählen, macht Hans das auch froh. „Das persönliche Glück findet jeder anscheinend woanders. Und durch andere Dinge."

Die Sonne macht Hans glücklich. Früher ist er einmal so weit gegangen, in der Küche in Bochum eine Lampe aufzustellen, die natürliches Sonnenlicht imitieren sollte. In dunklen Wintermonaten stellte Hans sie auf unseren Esstisch, aber es ist nicht dasselbe, vor einem Apparat zu sitzen oder das Gesicht in die warme Sonne zu halten. Ich aber hadere noch mit dem Auswandern und denke an Freunde und Familie. Andererseits war es nicht schwierig, sie für ein paar Tage an die Côte d'Azur zu locken. Ich glaube zwar auch, hier schöner leben zu können. Aber können wir hier leben?

Dezember

UNSER LETZTER MONAT AN DER CÔTE D'AZUR beginnt ein wenig wie unser erster: Es schüttet in Strömen, tagelang. „Das habe ich 27 Jahre lang nicht erlebt", sagt die Hausmeisterin, die stets einen riesigen Regenschirm über ihre kleinen Pudel hält und selbst ganz nass wird. Langsam werde ich misstrauisch. Sollten wir das nasseste, kälteste Jahr an der Côte d'Azur erwischt haben, oder können sich die Menschen ob der vielen Sonne nicht mehr an den Regen früherer Jahre erinnern? Jedenfalls wird die Bäckerin später sagen, das sei das feuchteste Jahr „seit einem Jahrzehnt", und Hélène meint, der Klimawandel mache schon jetzt die Côte d'Azur kaputt, und keiner merkt's.

Wir drehen uns immer noch im Kreis, wo wir denn künftig leben wollen. Über *google maps* suchen wir hügelige Gebiete in Deutschland, aber die Dörfer sehen bei näherem Heranzoomen so akkurat gepflegt aus, dass mich die Einheimischen mitsamt meinem Chaos sofort ausschließen würden. „Ich verstehe dich nicht, du sprichst doch Französisch, und mit dem Schreiben klappt es auch ganz gut", meint Hélène. „Und hier kannst du schöner leben."

Hans' Kollege Yves kann ohnehin nicht aufhören, die Côte d'Azur anzupreisen. Als Wissenschaftler hat er mit Frau und zwei Kindern drei Jahre in England gelebt, seitdem entfernt er sich nicht mehr als unbedingt notwendig von Südfrankreich. Im Sommer fährt seine Familie in ein Haus auf Korsika, im Winter zu ihrer Wohnung in Auron, einem Skiort nur rund neunzig Minuten von Nizza entfernt. Auron ist neben Isola 2000 das größte Skigebiet der Seealpen. „Am

Wochenende müsst ihr mal rauffahren, es liegt schon massig Schnee", sagt Yves. „Morgens winkt ihr noch mal dem Meer zu, und abends esst ihr Raclette in einer Berghütte."

Wir nehmen seine Einladung an. Bevor wir abreisen, möchte ich noch einmal ein typisches Wochenende verbringen, wie die Niçoiser es eben tun. An winterlichen Wochenenden ziehen auf der Promenade in Nizza unzählige Autos mit Skiern auf dem Dach vorbei.

Die Schneemassen brechen alle Rekorde: In Auron, Valberg, Isola und Colmiane liegen mehr als zwei Meter, doppelt so viel wie in den Nordalpen. Schon am 8. Dezember sind alle Lifte geöffnet. Ein paar Tage später hebt sich die Wolkendecke etwas, und wir fahren mit dem Bus in die Berge. Der Linienbus namens „100 % neige" (100 Prozent Schnee) fährt vom Busbahnhof in Nizza direkt zu den Skistationen, und das für vier Euro.

Frühmorgens sind wir am Bus, unsere Plätze hatten wir reserviert. Auf geht's durch enge Schluchten, in die vor hundert Jahren ebenso enge Straßen geschlagen wurden. Zwischen einanander gegenüberliegenden Felswänden sind, schätze ich, nicht mehr als fünfzig Meter, manchmal verläuft eine Straße im Tunnel, die Gegenfahrbahn hingegen die Felswand entlang. Tony aus dem Alpenwanderclub hat mir einmal erzählt, die Menschen hätten früher auf „Mauleselwegen" direkt am Flussbett die Gegend durchkreuzt – bei Hochwasser, bei der Schneeschmelze oder den Gewittern im Herbst seien sie dann über Wochen abgeschnitten gewesen. „Zum Glück sind die Straßen heute höher und gesichert", sagte Tony.

Tatsächlich sind die Steilhänge über Kilometer mit schützenden Drahtzäunen überzogen, und der Fluss schlängelt sich tief unter der Straße durch sein steiniges Bett. Mein Busfenster kommt dem Felsen trotzdem häufig bedrohlich nahe, und ich hoffe, der Fahrer, ein junger Typ mit großer, verspiegelter Sonnenbrille, die er auch in den dunklen Tunneln nicht abnimmt, fährt die Strecke nicht zum ersten Mal. Er hört laut Musik und spricht alle paar Minuten noch lauter in sein Handy, offenbar mit seiner Freundin, mit der er abends etwas „Formidables" unternehmen wolle. In einem kleinen Ort hält er an, springt in eine Brasserie und nimmt fünf Minuten später mit einem nach Käse riechenden Tütchen in der Hand wieder auf seinem Fahrersitz Platz. „Mein Mittagessen", erklärt er, und die Gäste nicken. Ich habe schon häufig erlebt, wie die Chauffeure an Bars anhalten, manchmal auch bei einem Onkel oder einer Freundin, um kurz am Straßenrand Hallo zu sagen. Dafür lassen die Fahrer mich auch mal zwischen zwei Stationen aussteigen oder warten, wenn sie mich fünfzig Meter entfernt heranrennen sehen.

Wir durchkreuzen viele kleine Dörfer, die noch nicht vom Bauboom der Côte d'Azur erfasst worden sind. Zu der Skistation Isola 2000 gehört das tausend Meter tiefer gelegene historische Dorf Isola, das mit seinen hutzeligen Berghütten ganz charmant aussieht. Als unser Bus die ersten Kurven des Passes nimmt, fallen die ersten Schneeflocken. Zwei Kilometer weiter liegen schon einige Zentimeter Schnee, die ersten Autofahrer halten am Straßenrand. Bei Kilometer acht stehen vier Gendarme, die PKW-Fahrer ohne Schneeketten wieder runterschicken. „In Isola gibt es Schneeketten zu kaufen", sagen sie unermüdlich. „Die machen das Geschäft ihres Lebens", so ein Mann hinter uns. Jeden Winter seien viele Touristen überrascht, so nah an der Côte d'Azur Ketten auf ihre Reifen ziehen zu müssen. „Die denken nur an die Sonne", lacht der Mann. Über die Jahre haben die Geschäfte im Ort alle Schneeketten ins Sortiment genommen, selbst der Bäcker, der Gemüsehändler und der Klempner verkaufen inzwischen welche. Unser Bus besitzt Spikes und fährt ohne größeres Aufsehen die Serpentinen hinauf.

Zehn Kilometer schlängelt sich die Passstraße nach oben, an den Seiten türmt sich bereits meterhoch der Schnee. Mit jeder Kurve erscheint es mir unglaublicher, heute Morgen in Nizza neben Palmen in den Bus gestiegen zu sein. „Was ist das doch für eine verrückte Gegend!"

Isola selbst ist nicht so paradiesisch, sondern ein in den 1970ern in den Berg geworfenes Skigebiet. Der Ort hat keinen ursprünglichen Kern, sondern eine überdachte Einkaufszeile, von der die Menschen früher geträumt haben mussten. Je neuer die Häuser sind, desto ansprechender werden sie – nach den Betonbauten unten an den Skiliften kamen Holzhäuser und schließlich Chalets an den Hängen hinzu. Wir wohnen in einem Mittelding – außen Holz, innen praktischer Komfort. Praktisch bis auf die unglaubliche Lüftungsanlage. Französische Wohnungen haben grundsätzlich eine Lüftungsanlage „VMC", die Raumluft nach außen saugt. In manchen Fenstern sind sogar handgroße Löcher, um die Zirkulation zu verbessern. Normalerweise ist der Abzug kaum spürbar. Hier aber ähnelt er einem Staubsauger. Wir versuchen als Erstes, die prustende Röhre umständlich abzukleben. Aber das ist gar nicht nötig. Unser Handtuch wird angesogen, bleibt hängen, und der Lärm ist gedämpft.

Zum Glück haben wir für uns zwei eine Vierpersonenwohnung gemietet. Franzosen scheinen im Urlaub, gerade an den Hotspots, keine besondere Angst vor Nähe zu empfinden – zumindest habe ich Ferienwohnungen an der Côte d'Azur gesehen, die für vier Personen angegeben, aber höchstens achtzehn Quadratmeter groß waren. Von unserem Balkon aus können wir die Lifte sehen, sie umspannen einmal den großen Bergkessel von Isola. 160 Kilometer können in Isola befahren werden, richtig viel also.

Klar, in den Südalpen gibt es weniger Lifte und kürzere Abfahrten als in den großen französischen Stationen wie Val d'Isère oder dem Edel-Ort Méribel. Dafür frieren mir aber auch nicht im tiefsten Winter die Zehen in den Skischuhen ab, und wir können ohne beheizte Schuhsohlen fahren. Yves' Ehefrau war deshalb enttäuscht von Chamonix, im Mont-Blanc-Gebirge, 400 Kilometer nördlich von Isola. „Ich konnte dort gar nicht aus dem Haus gehen, ich hatte sofort Beine wie Eiswürfel", jammerte sie. „Das war ganz furchtbar." Wer an der Côte d'Azur geboren ist, kann wahrscheinlich nie wieder bei Minusgraden glücklich werden.

Ich selbst habe inzwischen auch schon das Gefühl, kälteempfindlicher geworden zu sein. Die monatelang ununterbrochen scheinende Sonne im Sommer verweichlicht eben. Ich laufe auch schon mit Wintermantel und dickem Schal über die Promenade, wenn es 14 Grad sind. Jedenfalls freuen wir uns über die warme Sonne am nächsten Tag in Isola. Die ist auch nötig, um nicht in den Liften einzufrieren. Zu vielen Pisten werden die Skifahrer noch auf altertümlichen Tellerliften befördert. Kein Wunder, dass die Tagestickets nur halb so teuer sind wie in Schweizer Skiorten. Nach der dritten Abfahrt stehen wir an einem Lift, der besonders alt zu sein scheint. Reihenweise fallen die Skifahrer nach den ersten paar Metern mit dem Teller unter dem Hintern wieder hin, der Anfahrtsschub ist einfach brutal. Schließlich bleibt der Lift ganz stehen, weil sich die Anker oben in der Führung verhakt haben. Die Franzosen tragen dies wie immer mit stoischem Stolz. Niemand regt sich auf. Nach ein paar Minuten steigt der Liftboy mit seinen Moonboots die Pfeilerleiter hoch, ein kleines Ölkännchen in der Hand. Minutenlang sprüht er die Ösen der Anker sorgfältig ein. Kurz darauf fährt die Bahn wieder. Sie wird einige scharfe Kurven nehmen, auf- und abfahren und über bucklige Spuren führen. „Das habe ich ja noch nie erlebt", sage ich halb entschuldigend zu Hans, der als Anfänger Blut und Wasser in der Bahn schwitzte.

Eine halbe Stunde später sitze ich in der Gondelbahn und hoffe, dass hier die Seile ausreichend geölt sind und in der Saisonvorbereitung alle Handwerker wie versprochen hier oben gearbeitet haben. Über einen wiederum abenteuerlichen Anker- und Doppellift gelangen wir zu dem Stolz von Isola: der Cime de Sisteron. Von dort aus ist bei schönem Wetter das Mittelmeer zu sehen. Heute ist es dafür leider zu wolkig, und letztlich ist es wohl häufig so, wie mir hinterher ein Stammgast erzählt: „Ich war schon zwanzig Mal oben und habe vielleicht einmal das Meer gesehen." Häufig sei es zu diesig über der Küste. Trotzdem schauen oben alle gespannt in Richtung Meer.

Am nächsten Tag, dem Sonntag, wird es erst so richtig diesig, erst fallen ein paar Flocken, dann können wir im Schneegestöber die Hand nicht vor den Augen erkennen. Die Seealpen sind mal wieder vom Niederschlag überschwemmt. Die Straße nach Nizza ist kurzfristig gesperrt. Offenbar haben die Abspannnetze, die Wanderkollege Tony einst so lobte, auch nichts gegen die Naturgewalten ausrichten können. „Das habe ich sehr selten erlebt", sagt der Rezeptionist, wieder mit dieser Entrüstung in der Stimme, die ich nun schon oft bei Südfranzosen gehört habe, wenn sie übers schlechte Wetter reden. „Wie oft denn?", frage ich. „Na ja, im vergangenen Jahr, da waren wir auch schon einmal abgeschnitten", sagt er freimütig.

Dreißig Kubikmeter Felsen haben sich auf der Straße zwischen Saint-Sauveur-sur-Tinée und Isola-Village auf der Straße ergossen, das gesamte Tal ist abgeschnitten. Der Tage zuvor gefallene Regen hat die Felswände aufgeweicht, ein dicker Steinbrocken hat die Schutzgitter mit in die Tiefe gerissen. Die Natur in den Bergen will sich nicht so leicht bändigen lassen. Ein paar Stunden später ist zumindest eine Bahn wieder frei, und der Bus aus Nizza trudelt mit fünf Stunden Verspätung im Ort ein. „C'est du jamais vu", sagt der Chauffeur. „Warum sehen wir in diesem Jahr alles, was die Einheimischen angeblich ihr Lebtag noch nicht gesehen haben?", frage ich. Ich bin müde. Den Busbahnhof erreichen wir erst kurz vor Mitternacht.

Am nächsten Tag schreibt die *Nice Matin*, die Straße nach Isola sei wieder geschlossen, weil ein neuer Steinschlag beiseitegeräumt werden müsse. „Ein einzigartiges Ereignis", heißt es in der Bildunterschrift. Zwei Seiten aber hat die Lokalzeitung der Tramway gewidmet, die künftig über die Meerespromenade fahren soll. So ganz ist dem Blatt nicht zu trauen, häufiger stellt es Hoffnungen oder Projekte als die Wirklichkeit dar. Alle paar Monate titelt sie über die „verrücktesten Projekte" der Vergangenheit, die nie verwirklicht wurden, aber einst viele Seiten füllten. Zum Glück wurde aus den meisten Ideen des Betonzeitalters der 1970er- und 1980er-Jahre am Ende doch nichts.

Zum Beispiel aus der künstlichen, dreistöckigen Insel vor Cannes. Eine Pyramide von neun Hektar sollte direkt vor der Croisette aus dem Wasser ragen und 600 Hotelbetten, drei Schwimmbäder und 8000 Kinoplätze beherbergen. Die Insel sollte versetzbar sein, mal vor dem westlichen Altstadthügel ankern, mal am östlichen Ende der Croisette. Wahrscheinlich wäre es ein schrecklich deprimierendes Projekt geworden.

Die meisten der abgesagten Projekte wurden aber für Nizza entworfen. Zu den Zeiten, als der später international gesuchte Jacques Médecin noch Oberbürgermeister von Nizza war, sprudelten die verrückten Ideen nur so aus dem Rathaus. „Der Typ war irre und Jahrzehnte an der Macht, das kann auch nur an der Côte d'Azur passieren", sagte Hélène über diese Kultfigur. Jacques Médecin war der Sohn von Jean Médecin, der ebenfalls zwei Jahrzehnte lang die Stadt regierte. Eine echte südfranzösische Dynastie. Der irre Typ jedenfalls hatte die Idee, den Verkehr von der Meerespromenade auf eine Schnellstraße ins Meer zu verlegen. Rund fünfzig Meter von der Küste entfernt sollten die Autos fahren und so den Strand zu einer Lagune mit Aussicht auf eine Autobahn machen.

Doch das war noch nicht alles. Mitten in Nizza, direkt im heute grünen Park am Place Masséna, wollte Médecin einen 42-stöckigen Büroturm errichten. Er sollte in etwa so groß werden wie der noch heute umstrittene Tour Montparnasse in Paris. Médecin sah sich schon von seinem Glasbüro aus auf die Stadt blicken, bis er letztlich von seinen eigenen Geschichten eingeholt wurde. Über Jahre schon wurde in Nizza über seine korrupten Beamten und fingierten Geschäfte gemunkelt, aber Médecin schien unantastbar zu sein.

Der britische Autor Graham Greene schrieb über ihn sogar ein Pamphlet *J'accuse. The Dark Side of Nice*, gegen das Médecin so lange prozessierte, bis er selbst angeklagt wurde und kurz vor seinem Gerichtsverfahren nach Uruguay flüchtete. „Médecin war der größte Sausack unserer Stadt", sagte Hélène. Sie ist jedes Mal fassungslos, wenn die Rede auf ihn kommt, und auch ich kann mir kaum einen unsympathischeren Typen vorstellen. Er hielt wütende Reden gegen das Recht auf Abtreibung, das eine „Anstiftung zum Mord" sei. Andersherum wollte er aber selbst über Sterben und Leben entscheiden und ging auf die Straße, um für die Todesstrafe zu demonstrieren. Er wollte Nizza mit südafrikanischen Städten verbrüdern, in denen damals noch schwarze Menschen nicht auf dieselbe Schule gehen durften wie weiße. Schließlich brachte er Europa gegen sich auf, als er den deutschen Rechtsradikalen Franz Schönhuber empfing und sagte, er stimme zu 99,9 Prozent mit den Ideen des Front National überein. Zu seiner Entschuldigung sagte er der Zeitung *Le Figaro*: „Als Bürgermeister muss ich entscheiden zwischen vier Prozent jüdischen Wählern und zwanzig

Prozent Wählern des Front-National – da habe ich natürlich Letztere genommen."

Als Médecins Sprüche immer unerträglicher wurden, machte sich die Pariser Presse daran, zu recherchieren. Die Journalisten von *TF 1* und *Le Monde* fanden falsche städtische Vereine, über die Médecin einige Millionen Francs waschen ließ, sie ließen bestochene Beamte reden und eingeschüchterte Angestellte, die Briefe, Aufträge und Antwortbriefe fingierten und Médecins Konten in den USA und der Schweiz füllten. Die ersten Anklagen lauteten auf „Vorteilsnahme", „Geldwäsche" und „Bestechung". Médecin konnte trotzdem zunächst unbehelligt nach Uruguay fliehen. Die Senioren im Wanderclub bekamen bei seinem Namen, und er fiel häufig, immer wieder ein gerührtes Antlitz. „Das war noch einer", sagte Tony einmal. „Der hat Nizza wenigstens regiert, als wäre es die Welt und nicht eine kleine Stadt." Toll fanden die Niçoiser auch, dass er gegen kleine Geschenke die Menschen bauen ließ, wo sie nur wollten – direkt am Meer, auf steilen Hügeln, mitten in einem Vogelschutzgebiet. „Heute ist ja alles geregelt", meint Tony. Immerhin wurde die wichtigste Straße in Nizza, vom Bahnhof bis runter zum Meer über den Platz Massena, nach Jean Médecin, dem Vater des Uruguay-Flüchtlings, benannt, obwohl er seinem Sohn einen offenbar schon sehr korrupten Stab im Rathaus hinterlassen hatte. „Er war irgendwie ein Großkotz, aber er konnte auch unheimlich charmant sein und hat alle stolz auf Nizza gemacht", sagte Jeannine, auch eine Wanderkollegin. Nahezu jeder ältere Niçoiser scheint „Jacques" schon einmal persönlich getroffen zu haben. Bei damals nur 300 000 Einwohnern und einer so langen Regentschaft ist das auch nur logisch.

Dieser Jacques Médecin also plante unter anderem das riesige Hochhaus. Es wurde nie gebaut, dafür aber hat Médecin die Stadt mit einer Reihe von weiteren betonlastigen Projekten überzogen, mit dem Kongresszentrum Acropolis, dem Einkaufszentrum Nice Étoile, die Nizza in zwei Hälften teilende Schnellstraße „Voie rapide" und das Büroviertel Arénas am Flughafen. Heute sind dies die am wenigsten schönsten Plätze der Stadt, aber Médecin lag im Betontrend der damaligen Zeit. Der jetzige Bürgermeister ersetzte schrittweise den Beton durch Grünstreifen, das ist doch schon mal was.

Es ist sehr komisch, unter Palmen Weihnachten zu feiern. An der Côte d'Azur habe ich mich auch noch im Oktober wie im Sommer gefühlt, und jetzt plötzlich sind die Tage so dunkel, und auch hier hängen die Menschen Nikoläuse aus ihren pastellfarbenen Häusern. Für mich sieht das seltsam aus, aber für die südfranzösischen Familien ist dies wahrscheinlich ebenso normal wie verschneite Tannenbäume im Sauerland. In Lucéram, nordwestlich von Nizza, verwandelt sich sogar der gesamte Ort in eine große Krippe. Ich bin nicht sonderlich weihnachtsfühlig, aber für eine Reportage setze ich mich in den Bus und fahre eine knappe Stunde ins bergige Hinterland.

Schon von Weitem ist Josef auf einem Balkon zu sehen, über einem Brunnen pendelt Jesus in einer Glaskugel: Lucéram beherbergt die nach eigenen Angaben größte Krippe der Welt. Eigentlich sind es 400 kleine Krippen, die zusammen eine große ergeben sollen. Sie finden sich auf Fenstersimsen, am Brunnen, auf dem Brückengeländer und selbst in Regenrinnen und Holzstapeln. „Wir sind die begehbare Weihnachtsgeschichte", sagt Christiane Ricort. Die elegante Dame und Präsidentin des lokalen Museums hat das Projekt ins Leben gerufen. Die Bürger engagieren sich ehrenamtlich für das beleuchtete religiöse Spektakel, das jedes Jahr mehr als 50 000 Touristen aus aller Welt besichtigen.

Vor dreizehn Jahren hat Christiane Ricort die Krippen-Leidenschaft im Dorf ausgelöst. Ricort bastelte damals mit ihrer Familie ein zehn Meter langes Miniaturdorf von Lucéram und ließ dort die Jesusgeschichte Platz finden. Die Bürger waren begeistert. Einige stellten spontan ihre eigenen Krippen vor die Haustür oder auf den Balkon, mehr und mehr Touristen strömten in das Dorf im Hinterland der Côte d'Azur. Im ersten Jahr waren 33 Krippen zu sehen, inzwischen hat sich die Zahl mehr als verzehnfacht. Ricort selbst bastelt gerade an einer afrikanischen Krippe aus Bast herum, aber ihr fließen Tränen aus den Augen. Vor drei Wochen hat sie ihre Mutter verloren, ihr ist eigentlich nicht so sehr nach Weihnachten zumute. „Das ist das Schlimmste, was mir je passiert ist, da hilft auch kein Jesus mehr", sagt sie schluchzend. Ich stehe etwas hilflos neben ihr, streiche ihr zaghaft über eine Schulter und gucke auf die Heiligen drei Könige. Die Eltern zu verlieren muss wirklich schrecklich sein. Und ganz bestimmt hätte ich keine Lust, „Schneeflöckchen" zu singen und Vanillekipferl zu backen.

Ricort ist dutzendfach in den französischen Medien gewesen, weil das Dorf so eine schöne, farbige Weihnachtsgeschichte hergibt, aber anders als viele meiner professionellen Interviewpartner ist sie einfach nur authentisch. Und weint und weint. Mit tränennassem Gesicht zeigt sie mir ihr Krippenmuseum, das die Geschichte dieser Kunst zeigt. Sie wurde im 13. Jahrhundert in dem italienischen Ort Greccio begründet. Franz von Assisi holte von Papst Honorius III. eigens eine Erlaubnis für die Darstellung der Weihnachtsgeschichte. Er soll sie mit lebenden Personen und Tieren nachempfunden haben. Assisi wollte vor allem die Gläubigen in der Jesusgeschichte unterrichten. Erst im 19. Jahrhundert haben Familien auch privat ihr Zuhause mit den Hirten, der Jungfrau Maria, den Heiligen drei Königen und dem Jesuskind geschmückt.

In Russland werden die Figuren und selbst die Krippe kunstvoll gehäkelt. Eine asiatische Variante zeigt gläserne

Figuren mit ausdruckslosem Gesicht. Sie alle haben die Bewohner Lucérams von ihren Reisen mitgebracht. „Natürlich ist auch die Krippe wie jede Kunst ein Zeugnis der jeweiligen Kultur", sagt Ricort. „Aber die grundsätzliche Anordnung der Figuren, die bescheidene Geburtsszene und die Hoffnung auf das Jesuskind ist überall dieselbe", erzählt die 62-Jährige. Ich frage sie, ob ihr die Geschichte nicht auch ein wenig Trost spende. Sie schaut mich schief an. „Non."

Ricort lässt mich stehen, vielleicht war meine Frage zu banal. Um mich herum wuseln unzählige Touristen. Das verschlafene Lucéram lebt im Dezember richtig auf. Es liegt abgelegen 600 Meter hoch auf einer Bergkuppe, der Bus fährt drei Mal am Tag binnen einer Stunde nach Nizza.

Auch die umliegenden Gemeinden wurden von der Bastelleidenschaft angesteckt. Hirten aus dem Mercantour-Gebirge, den südlichen Alpen, steigen am 24. Dezember mit ihren Ochsen, Eseln und Schafen herab und lassen das Christspiel noch authentischer aussehen. Dazu essen die Südfranzosen traditionell dreizehn verschiedene Nougatsorten: Es ist für sie das Symbol von Christus und den zwölf Aposteln.

Inzwischen überbieten sich die Lucéramer in ihren feierlichen Kreationen: Die Heiligen sind mal aus Sand geformt, mal aus Stahl und Kreide gefertigt, sie sind gehäkelt, aus Pappe geklebt oder aus getrockneten Früchten gebaut. Eine Familie hat die komplette Szene in einer halben Walnussschale filigran drapiert, eine andere in einem ausgehöhlten Kürbis die Heiligen aus Kürbiskernen geformt. Eine andere Krippe besteht aus 3000 kunstvoll geklebten Streichhölzern. In der Nacht aber werden alle wertvollen Figuren und Kunstwerke ins Haus geholt: Vor zwei Jahren wurde ein geschnitztes Jesuskind geklaut. „Können Sie sich das vorstellen?", fragt mich Ricort, die sich inzwischen etwas gefangen hat. „Nicht einmal ein stilisiertes Jesuskind ist vor Diebstahl sicher." Sie zuckt mit den Schultern. „Jetzt schreiben Sie aber eine schöne Geschichte über uns", sagt sie. Ja, sicher. Aber der Nachmittag mit der untröstlichen Frau inmitten der liebevoll gestalteten Krippen lässt mich ein wenig ratlos zurück.

Zurück in Nizza schlendere ich mit Hélène über den Weihnachtsmarkt, wir essen Socca und trinken Cidre. Es gibt Champagner zu kaufen, aber keinen Glühwein, es gibt Käse-Crêpes, aber keinen Kasseler Braten, und auf dem Platz stehen Weihnachtsbäume aus Plastik mit Kunstschnee darauf. Ich fühle mich ein bisschen wie in Disneyland. Ausgerechnet Hélène ist ganz angetan. Obwohl ich ihr von deutschen Weihnachtsmärkten vorschwärme. Yves war vor ein paar Tagen zusammen mit Hans auf einer wissenschaftlichen Konferenz in Bochum. Zum ersten Mal fand er die Côte d'Azur nicht besser als den Rest der Welt. „Aber das ist ja fantastisch", rief er, „so viele Köstlichkeiten!" Die beiden teilten sich einen Backfisch, gebratene Champignons mit Kräutersauce, einen Spießbraten, gebrannte Mandeln und schließlich einen Germknödel. „Köstlich, köstlich, c'est génial", sagte Yves. „Warte, warte, ich muss Fotos für meine Frau machen." Am nächsten Abend kehrte er alleine auf den Markt zurück und sandte uns um 23 Uhr eine SMS. „Ich habe wieder gesündigt", schrieb er und schickte zwei Fotos von seiner halben Meter langen Bratwurst direkt hinterher. Mit Ketchup und Senf.

Die Weihnachtsstimmung und Yves' Nachrichten aus Deutschland machen mich ganz sentimental. Ausgerechnet jetzt, mit dem Crêpe- und Socca-Geruch in der Nase, denke ich ein bisschen wehmütig an die Heimat. Aber es fühlt sich nicht wirklich an wie Heimweh, eher wie die Trauer um einen unvermeidlichen Verlust. Das Leben in der warmen Sonne, am blaugrünen Meer, mit der aufrührerischen Hélène, den niemals auftauchenden Handwerkern und den charmanten Südfranzosen möchte ich nicht mehr aufgeben. Und habe es bis heute nicht bereut, einige Zeit später an der Côte d'Azur. Und das ist großartig.